EL SOÑADOR

EL SOÑ

PAM MUÑOZ RYAN

TRADUCCIÓN DE IÑIGO JAVALOYES

SCHOLA

NEW YORK TORONTO LONDON AUCKLAND S

ADOR

ILUSTRACIONES DE PETER SÍS

IC INC.

NEY   MEXICO CITY   NEW DELHI   HONG KONG

Este libro es para ti, lector o lectora.
Explora el espacio infinito
que hay entre el alma y las estrellas.
Allí te estaré esperando. ~PMR

A nuestra casa familiar Nerudova 19, Praga. ~PS

Originally published in English as *The Dreamer*.

Translated by Iñigo Javaloyes.

ISBN: 978-0-545-17600-2

12 11 10 9 8 7 6 5 4 3 2 1   10 11 12 13 14 15/0

Printed in the U.S.A.
First Spanish printing, April 2010

AGRADECIMIENTOS

Quisiera agradecer al escritor e ilustrador John Ruth por contarme la historia del agujero en la cerca. Tengo una deuda de gratitud con el Ministerio de Educación de Chile, y muy especialmente con Carole Cummings por todas las puertas que me abrió durante mi viaje a Chile. Quiero expresar mi gratitud a todos los biógrafos de Pablo Neruda y a los traductores de su obra, especialmente a Adam Feinstein, Alastair Reid, Volodia Teitelboim y Margarita Aguirre, cuyo trabajo leí directamente en español.

Doy las gracias a todas las personas extraordinarias de mi vida: a mi editora, Tracy Mack, cuya sabiduría ha permitido extraer todo el potencial del texto; a David Saylor, cuya visión ha contribuido a forjar la última versión del texto; a Charles Kreloff, por su maestría en el diseño del libro; a Brian Selznick, por saber escuchar y por sus valiosos comentarios; a Jim, por comprender la vida de una escritora; y especialmente a Peter Sís, que aceptó el encargo y aportó a estas páginas su magia singular.

"Registren, sólo hay una cosa aquí que representa un peligro para ustedes..."

~*Pablo Neruda*

Soy la poesía

que acecha al poeta

desprevenido.

Formulo preguntas

de respuestas inagotables.

No elijo ninguna

y al mismo tiempo todas.

Acércate...

si eres capaz.

LA LLUVIA

EN UN CONTINENTE DE MUCHAS CANCIONES, en un país alargado como el brazo de un guitarrista, un aguacero resonaba en las calles de Temuco.

Neftalí Reyes estaba recostado en su cama sobre un lecho de almohadas. Miraba absorto la tarea que tenía ante sí. Su maestra la llamaba suma simple, pero para él las sumas nunca eran simples. ¡Cómo deseaba que esos números desaparecieran! Cerró los ojos con fuerza y los volvió a abrir.

Los doses y los treses se elevaban sobre la página e invitaban a los demás a acompañarlos. Los cincos y los sietes se irguieron y por último los cuatros, los unos y los seises cedieron y se marcharon con los demás. Pero los nueves y los ceros resistían, así que los demás números los abandonaron. Se dieron la mano en una larga procesión de figurines, volaron hacia el extremo opuesto de la habitación y se escaparon por la ventana entornada. Neftalí cerró el libro y sonrió.

¿Cómo iba a terminar la tarea si sólo quedaban ceros y nueves danzando por la página?

Se levantó muy despacio, se acercó a la ventana y se quedó mirando el jardín con la frente en el cristal. Le dijeron que mientras no estuviera reposando debería aprovechar para avanzar en sus tareas retrasadas. ¡Pero eran tantas las distracciones!

Al otro lado del cristal se extendía un paisaje invernal, gris, encharcado. La tierra era una masa de lodo. Un riachuelo escapaba por un agujero de la cerca. Por aquel entonces no tenían vecinos, pero a Neftalí le gustaba imaginar que en la casa de al lado lo esperaba un amigo, alguien a quien pudiera gustarle observar las cosas que arrastra la corriente, recoger palos retorcidos, leer; alguien a quien tampoco le gustaran las matemáticas.

Escuchó pasos. ¿Será Padre?

Había estado de viaje trabajando en el ferrocarril durante una semana, y hoy debía estar de regreso. Neftalí sintió el corazón latiéndole con fuerza en el pecho. Sus grandes ojos pardos expresaban terror.

Los pasos se oían cada vez más cerca.

Tum.

Tum.

Tum.

Tum.

Neftalí se incorporó y alisó su tupida mata de pelo negro. ¿Estaba despeinado? Levantó las manos y observó sus delgados dedos. ¿Estaban bien limpios?

Le daban escalofríos de tan sólo pensar en enfrentarse a Padre. Sentía como si la piel se le encogiera. Neftalí tomó una bocanada de aire y aguantó la respiración.

Las pisadas pasaron ante la habitación y se alejaron por el pasillo.

Neftalí respiró aliviado.

Debió haber sido Mamadre, su madrastra, con sus zapatos con tacones de madera. Se quedó quieto hasta que no hubo nadie cerca y volvió a girar hacia la ventana.

Las gotas de lluvia golpeaban el tejado de zinc. Unos hilillos de agua empezaron a filtrarse en la habitación como grandes lagrimones que goteaban desde el techo hasta unos recipientes colocados para recogerlos.

plip – plip

plop

blup, blup, blup

oip, oip, oip, oip

plip – plip

plip – plip

plop

tin,

tin,

tin,

tin,

tin

plop

plip – plip

blup, blup, blup

oip, oip, oip, oip

tin,

tin,

tin,

tin,

tin

plip – plip

plip – plip

plop

Mientras escuchaba las notas musicales que producía la lluvia, Neftalí contemplaba los picos nevados de los Andes, que se alzaban como gigantes coristas de blancas túnicas. Miró el río Cautín avanzando por el bosque. Cerró los ojos y se preguntó qué habría más allá de lugares como Labranza, Boroa y Ranquilco, allá donde el océano azotaba el escarpado litoral.

La ventana se abrió. Una cortina de lluvia entró y se llevó a Neftalí a mares lejanos que sólo había conocido en los libros. Allí, el capitán Neftalí cortaba la tersa superficie marina desde la proa de un velero. Sentía la picazón del agua salada en las mejillas y sus ropas agitadas por el viento. Se agarró al mástil y miró hacia atrás, hacia su país: Chile.

¿Neftalí? ¿Quién pasa el agua

de la nube a la cumbre al río

y la echa a las fauces del océano?

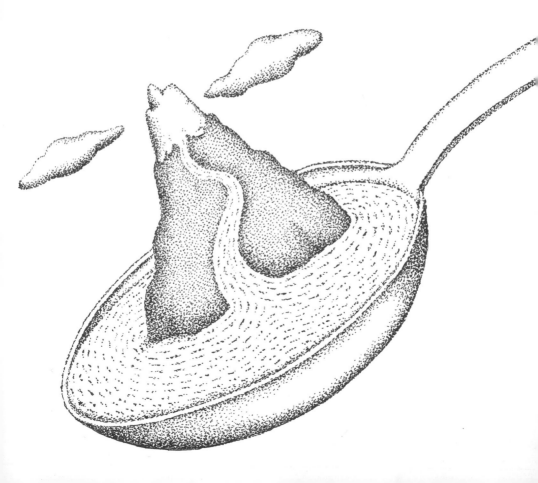

El pitido estridente de un silbato de maquinista despertó a Neftalí de su ensueño. Giró de golpe.

La silueta de su padre ocupaba el vano de la puerta.

Neftalí tembló.

—¡Deja ya de soñar despierto!

La punta blanca de la barba amarillenta de su padre temblaba con el movimiento de su estrecha mandíbula.

—¿Y por qué no estás en la cama?

Neftalí desvió la mirada.

—¿Es que quieres ser un esmirriado y un don nadie el resto de tu vida?

—N-n-n-no, Padre —alcanzó a responder.

—Tu madre era igual, siempre garabateando papelitos, con la mente perdida en otro mundo.

Neftalí se frotó las sienes. No había conocido a su madre. Murió dos meses después de que él naciera. ¿Tenía razón Padre? ¿Era posible que soñar despierto lo debilitara? ¿Debilitaron los sueños a su madre hasta matarla?

Mamadre corrió hacia la habitación.

Padre la señaló con el dedo.

—Tienes que vigilarlo mejor. Si no se queda en cama, nunca se pondrá fuerte.

Sin más, se fue enfurecido del cuarto haciendo temblar el piso.

Mamadre tomó a Neftalí de la mano, lo ayudó

a meterse en la cama y lo cubrió con mantas.

—A tu madre no la mató la imaginación —susurró—. Fue la fiebre. Mírame. Yo soy menuda y, según dicen, demasiado flaca. Puede que no parezca grande y fuerte por fuera, pero por dentro me sobran cualidades... como a ti —le acarició la cabeza—. Ya sé que no es fácil pasar tantos días en la cama.

—Me ss-ssiento bien —dijo Neftalí alargando la mano para tocarle su pelo negro, que llevaba recogido en un moño sobre la nuca.

—Sólo un día más —dijo Mamadre—. Yo te leeré para que no se te haga demasiado largo.

Neftalí se sumergió en la sedante voz de Mamadre, que le contó historias de gigantes y espa-

dachines que le hicieron olvidar su profunda timidez.
Se trasladó a un lugar donde nadie lo llamaba "El
Canilla" a cuenta de su cuerpecillo enfermizo y flaco,
ni donde los muchachos del barrio lo elegían de último para jugar en la calle.

En esas páginas se olvidó de su tartamudez.
Se vio fuerte y saludable como su hermano mayor,
Rodolfo; alegre como su hermana Laurita; y seguro de sí
mismo e inteligente como su tío Orlando, el propietario
de un periódico local. Entre esas páginas incluso se atrevió a imaginarse a sí mismo acompañado de un amigo.

Cuando Mamadre dejó de leer y se marchó,
Neftalí se quedó escudriñando las grietas del techo.
Se imaginó que eran carreteras de un mapa y se pre-

guntó a qué país pertenecían.

Neftalí dejó escapar un suspiro, y en ese momento dejó de importarle lo que le había dicho su padre sobre soñar despierto. Él no podía parar de soñar.

Hasta el más mínimo detalle de su vida lo estimulaba y hacía que su mente volara: a la monstruosa tormenta que rugía tras la ventana y que hacía crujir el techo; al rumor lejano del Llaima, el volcán dragón que hacía estremecer el piso con su poderoso hipo de magma; a los frágiles muros de su humilde casa, que temblaban cada vez que pasaba el tren; al tortuoso diseño de la habitación, con sus escaleras sin terminar que podrían haber llevado a un castillo y que, sin embargo, se dejaron a medio construir.

¿Neftalí? ¿A qué tierra mística llevan unas escaleras sin terminar?

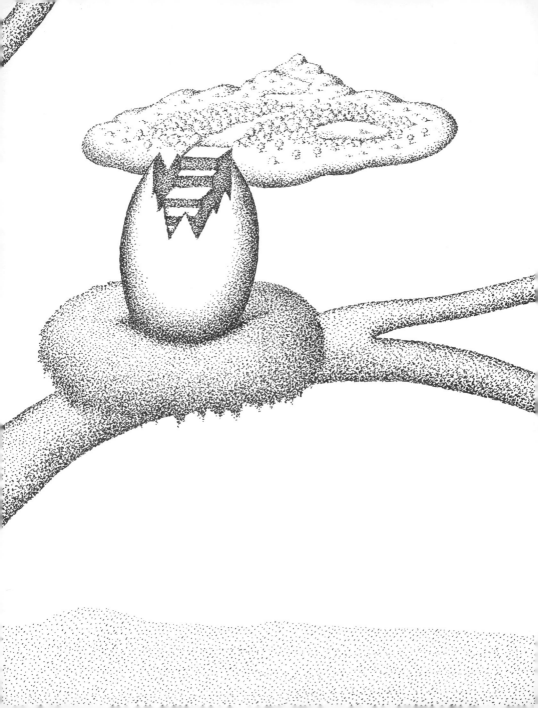

Al día siguiente, Mamadre vigiló más de cerca a Neftalí, que no pudo escapar de la cama, así que el muchacho le rogó a Laurita que fuera su embajadora en la ventana.

—Cu-cuéntame todo lo que veas. ¡Porfa!

Laurita asintió. Sólo tenía cuatro años y no alcanzaba a mirar por la ventana. Empujó una silla hasta la misma y se encaramó sobre ella. Luego se inclinó hacia adelante. Con sus grandes ojos negros, sus largas pestañas y su cabello lacio parecía un pajarito en la cornisa.

—Veo el cielo... un cielo moteado... hojas mojadas... una bota sin la otra... charcos enlodados... un perro callejero...

—¿Un pe-perro callejero? —dijo Neftalí—. ¿De qué color es?

—Está muy mojado, no sé. Café, a lo mejor. O negro —dijo Laurita.

—¿Y la bo-bo-ta sin la otra? ¿Cómo es?

—No tiene cordones. Está muy sola.

—Mañana, cuando me dejen levantarme, la rescataré y la pondré en mis co-colecciones de cosas.

—Pero ya tienes demasiadas piedras y palos y nidos. Y la bota va a estar muy sucia —dijo Laurita—. Y no sabes dónde ha podido estar. O quién la ha llevado puesta.

—Es verdad —dijo Neftalí—. Pe-pero puedo

limpiarla. A lo mejor era de un picapedrero y si la guardo recibo su fuerza. O quizá fuera de un pa-panadero y al acariciar su cuero aprendo cómo hacer pan.

—¡Qué bobo eres! —dijo Laurita entre risas.

En ese momento llegó Mamadre.

—Laurita, Valeria ha venido a jugar contigo. Y, Neftalí, si no duermes una siesta no podrás ir a la escuela mañana. —Entró en la habitación, lo besó en la frente y le subió la frazada hasta el mentón—. Por fuera te ves bien, hijito. ¿Cómo te sientes por dentro?

—Descansado. Po-porfa, Mamadre, ¿puedo leer un ratito?

—Me lo tengo merecido por haberte enseñado antes de que empezaras la escuela —dijo Mamadre con una sonrisa mientras salía de la habitación—. Un cuento.

Neftalí agarró un libro de la mesita de noche. No se sabía todas las palabras, así que leyó las que sí se sabía. Le encantaba el ritmo de algunas palabras, y cuando llegaba a alguna de sus favoritas, la releía una y otra vez: locomotora, locomotora, locomotora. Mentalmente, nunca se trababa. Oía la voz perfectamente, como si la hubiera dicho en voz alta.

Neftalí se levantó para tomar un lápiz y un papel, y copió la palabra.

LOCOMOTORA

Dobló la nota en forma de cuadrado y la metió en el cajón de la mesita, que ya estaba repleto de otras palabras escritas en trocitos de papel bien doblados.

Las palabras que pronunció su padre el día anterior habían calado hondo en sus pensamientos. ¿Es que quieres ser un esmirriado y un don nadie el resto de tu vida?

Las palabras dentro del cajón se agitaron. El cajón se abrió. Los papelitos flotaron por la habitación y formaron mil combinaciones distintas sobre su cabeza.

CHOCOLATE

ORÉGANO

IGUANA

TERRIBLE

LOCOMOTORA

Neftalí se incorporó, se frotó los ojos y miró alrededor de la habitación. Las palabras habían desaparecido. Se deslizó hasta el piso, caminó de puntillas hasta el cajón y lo abrió.

Todas las palabras estaban durmiendo.

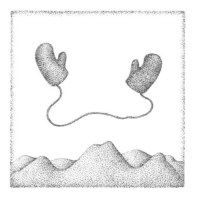

EL VIENTO

"LA, LA, LA, LA, LA, LA, la, la, laaaa..."

Las escalas que entonaba Rodolfo despertaron a Neftalí. Por lo general le agradaba la voz de Rodolfo, pero no aquella mañana. Para Padre las canciones eran una molestia. Y si Padre se enojaba, bien podría retirar el permiso que ya le había concedido. ¿Seguiría permitiendo que él volviera a la escuela hoy? Neftalí se levantó de un brinco, se vistió y corrió a la habitación de Rodolfo.

Su hermano mayor apareció ante el vestidor con su cabello negro despeinado, las manos entrelazadas a la altura del pecho y su cuerpo pequeño y musculoso muy erguido. Su lengua volvió a canturrear las notas:

—La, la, la, la, la, la, la, la, laaaa...

—Ro-rodolfo —le advirtió Neftalí con el dedo índice ante los labios. Pero ya era demasiado tarde.

La voz de Padre retumbó por toda la casa:

—¡Rodolfo, para ese ruido infernal ahora mismo!

Rodolfo hizo un gesto de resignación con la mirada, agarró su chaqueta y dejó a Neftalí.

Neftalí suspiró anticipando el sermón que se le venía encima. Se pellizcó las mejillas para tener un aspecto más saludable y siguió a Rodolfo a la cocina.

Cuando llegó, la familia estaba sentada. Rodolfo observó fijamente la comida evitando la mirada de su padre. Mamadre le pasó a Laurita la jalea de higo para el pan. Neftalí retiró la silla y se sentó en silencio. Con un poco de suerte no habría enfrentamiento.

—Rodolfo, desde que regresé a casa lo único que he oído han sido tus canciones —dijo Padre—. Si te sobra tanto tiempo, deberías invertirlo en tus estudios.

—Pero... —empezó a decir Rodolfo, que miraba alternativamente a Padre y a Mamadre.

—Díselo —le dijo ésta con serenidad.

Rodolfo respiró hondo y miró a Padre.

—Es que... estoy ensayando para una actuación en la escuela. Y...

Padre se inclinó sobre la mesa.

—¿Y qué?

—La maestra y el director dicen... dicen que si estudio música quizá me den una beca para el conservatorio.

Padre dejó el tenedor sobre la mesa.

—Juro que ningún hijo mío irá al conservatorio de música.

—Pero... Es que dicen que... —protestó Rodolfo.

Padre dio un puñetazo sobre la mesa. Rodolfo dio un brinco en la silla del susto. Neftalí se hundió en la suya y Laurita buscó la mano de Mamadre.

—José —dijo Mamadre—. Los maestros creen que Rodolfo tiene un talento prometedor.

—Tiene quince años, dentro de unos años tendrá que arreglárselas por su cuenta. Esta distracción no le servirá de nada ni le garantizará un trabajo. —Padre agarró el tenedor y lo agitó ante Rodolfo—. No dejaré que pases lo que yo he tenido que pasar. Durante años fui un pobre jornalero que iba de ciudad en ciudad buscando trabajo sin parar.

Rodolfo y Neftalí se miraron desalentados. Ya habían oído esa historia demasiadas veces.

—Luché para poner comida en la mesa y para ahorrar dinero —prosiguió Padre—. Hasta que al final tuve una oportunidad en el ferrocarril, al que todos tenemos que estar agradecidos. Pero esta no es vida para ti. Ya es hora de que empieces a tomarte tu futuro en serio. Estudiarás negocios o medicina. Eso es lo que yo habría hecho si hubiera tenido tus oportunidades. Así que ya no perderás más el tiempo con la música —y girando hacia Mamadre añadió—. Escribe una nota a la maestra.

Rodolfo cerró los ojos; al abrirlos tenía las pestañas húmedas.

Neftalí miró su plato. Sabía que si miraba a Rodolfo podría empeorar las cosas.

—Ahora termina ese desayuno para que puedas llevar a tu hermano a la escuela. Y asegúrate de que llegue antes de que suene la campana. Ya hemos recibido una carta por su retraso este año.

—No es mi culpa que se detenga a recoger cada tontería que encuentra en el camino —murmuró Rodolfo.

—Asegúrate de que no lo haga —dijo Padre—. Tiene que llenarse la cabeza de letras y números, como tú. De lo contrario será un fanático toda la vida. Y asegúrate de que no sienta frío para que no se vuelva a enfermar.

Neftalí miró a Rodolfo y después a Padre. ¿Es posible que no lo vieran ahí sentado? Deseó haber tenido el coraje de decirle a Padre que las cosas que recogía no eran tonterías. Coleccionaba cosas importantes. ¿Tendría razón Padre? ¿Era un fanático?

Mientras se ponían los abrigos ante la puerta principal, Rodolfo se paró frente a Neftalí.

—Ya has oído a Padre, ponte las manoplas.

Neftalí dudó unos instantes. Sentía que sus manos quedaban atrapadas en las manoplas. Con ellas puestas no podría recoger sus pequeños tesoros. Miró hacia arriba. Padre podía verlos desde la silla de la cocina donde seguía sentado. Neftalí levantó las manos tímidamente mientras su hermano le ponía las manoplas de lana.

Luego Neftalí se puso su sombrero favorito, un viejo sombrero de hule con sebo que Padre le había regalado. Cuando lo llevaba, sentía que absorbía la autoridad de su padre.

—¿De verdad vas a ponerte ese ridículo sombrero? —dijo Rodolfo—. Todo el mundo va a creer que eres tonto.

Neftalí se irguió y se caló el sombrero.

Rodolfo levantó los brazos irritado.

—No me extraña que no tengas amigos —dijo llevando a su hermanito de la mano hasta la puerta.

Con la determinación de un sapo, Rodolfo cruzó la calle enlodada saltando de roca en roca y arrastrando a Neftalí.

Neftalí se zafó de la fuerte empuñadura de su hermano.

—¡Sígueme! —gritó Rodolfo.

Pero Neftalí ya se había detenido para examinar un nudo de raíces que sobresalía de la base de un haya.

Rodolfo dio media vuelta, volvió a agarrarlo de la mano y lo arrastró hacia el patio de la escuela.

Neftalí intentó seguirlo, pero entonces vio la bota que Laurita había descrito el día anterior desde la ventana. Volvió a zafarse de la mano de Rodolfo y corrió a rescatarla.

Rodolfo lo alcanzó, le agarró el brazo y tiró.

—Eres un tonto —le dijo—. ¿Por qué tenemos

que pararnos a ver cada idiotez que encuentras? ¿Es que no puedes caminar como el resto de los chicos?

Rodolfo volvió a empujarlo. Entonces Neftalí clavó las rodillas en el piso y señaló hacia el cielo.

—¿Y ahora qué? —dijo Rodolfo.

Una súbita ráfaga de viento levantó un paraguas por el aire. Se mecía y se balanceaba en el aire como por arte de magia. Neftalí se quedó hipnotizado.

—Sólo es un paraguas. ¡Vámonos!

Rodolfo lo empujó al patio de la escuela.

Y entonces el viento le arrebató el sombrero y lo hizo rodar de un lado a otro. Neftalí se soltó de Rodolfo y corrió para recuperarlo. Pero cada vez que se abalanzaba sobre él, el viento se lo llevaba. Era como si el sombrero lo estuviera desafiando.

Neftalí creyó que oía el rugido del viento, hasta que advirtió que eran las risas de un grupo de chicos y del propio Rodolfo, que se divertían a costa suya. Rendido, Neftalí vio cómo el viento se llevaba su sombrero de hule hacia las copas de un bosque de araucarias.

Cuando Neftalí finalmente se volvió hacia los chicos que lo ridiculizaban, trató de sacar pecho y de caminar erguido. Pero con el sombrero de su padre también perdió la sensación de autoridad.

Un maestro apareció en las escaleras de la vieja mansión convertida en escuela y tocó la campana. Los estudiantes corrieron hacia sus salones de clase. Neftalí quiso unirse a ellos, pero en ese instante advirtió un pequeño escarabajo sobre una hoja moteada. Se quitó las manoplas, las arrojó al suelo y se inclinó para observarlo.

Escuchó un suspiro sobre él.

—Vamos, Neftalí. Si llegas tarde, los dos nos meteremos en problemas.

Neftalí miró el gesto de súplica de su hermano y le tomó la mano.

—¿Dónde están tus manoplas?

Neftalí miró al suelo. Ya no estaban.

—Da igual —dijo Rodolfo—. Date prisa. Van a cerrar la puerta.

—Pe-pe-ro Pa-padre va a decir...

—¡Pues que lo diga! —dijo, y tras escupir al

suelo añadió—: Ya no podrá obligarte a ponértelas. ¡Vamos!

Neftalí corrió detrás de Rodolfo. Pero antes de entrar a su clase, se asomó por una ventana del pasillo y vio cómo el viento se llevaba las manoplas. Eran como manos fantasmagóricas que decían adiós en el cielo chileno.

¿Adónde irían? ¿Qué manos protegerían en el futuro?

Mientras Neftalí veía cómo sus manoplas se alejaban por el cielo, sentía que una parte de él también volaba. ¿Harían amistad con alguien? ¿Llegarían a ser útiles?

Levantó la mano y dijo, "Adiós".

¿Qué regala el viento?

¿Qué se lleva el viento?

¿Dónde está el almacén de los objetos

perdidos?

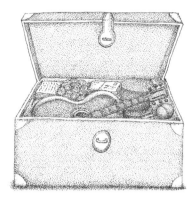

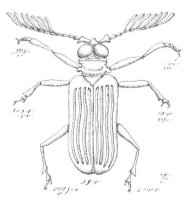

EL LODO

plip – plip

plop

oip, oip, oip, oip

tin,

tin,

tin,

tin,

tin

Las nubes chorrearon durante un mes. Las montañas se deslizaban hacia los valles, las casas flotaban sobre lagunas poco profundas y las piedras y la tierra que aguantaban el firme de las vías del ferrocarril acabaron por desaparecer. Padre se preparaba para ir a reparar el ferrocarril, y estaría ausente durante varias semanas.

Desde la ventana, Neftalí y Rodolfo lo vieron caminar hasta el andén para esperar el tren. Cuando llegaron los trabajadores, formaron un corro a su alrededor.

—P-padre no tiene mala cara hoy —dijo Neftalí—. Se lo ve contento y feliz.

—Es que está feliz —dijo Rodolfo—. Es el

jefe y todo el mundo debe obedecer sus órdenes.

—Pero ellos lo aprecian —dijo Neftalí—. Fíjate cómo bromea y cómo se ríen de sus chistes.

Rodolfo hizo un gesto de desacuerdo.

—Tú también te reirías de sus chistes si necesitaras el trabajo.

—Padre tiene m-muchos amigos —insistió Neftalí—. Cuando está en casa, nuestra mesa siempre está llena de gente.

—Oh, sí. El Gran José Reyes. Cuanta más gente haya a su mesa, más importante se siente. Pero sus invitaciones son como ciruelas pasadas —dijo Rodolfo con una mueca de asco—. Si se queda en el bosque, tanto mejor para nosotros.

—¿P-por qué?

—Pero Neftalí, ¿acaso no estás amargado? —dijo Rodolfo empezando a contar con los dedos—. No podemos sentarnos en el salón. No podemos comer a menos que nos hayamos lavado las manos. No podemos hacer ruido. No podemos cantar. Tenemos que pensar exactamente como él —dijo desalentado—. Sólo podemos ser lo que él quiere que seamos. Hasta Mamadre es una mera criada cuando él está presente. Todos estamos a su merced. Ya verás que a medida que crezcas será peor.

—N-no, no va a ser peor porque no voy a ser tan obstinado como tú.

—Ah, ¿crees que es mi culpa? ¿Que si te portas de maravilla acabará sintiéndose orgulloso de ti? —dijo con una mueca—. Pues si es así, buena suerte. Ya verás cuando tengas mi edad.

Oyeron el silbato del tren, que emprendió la marcha. Los chicos miraron hasta que el último vagón desapareció en la fronda del bosque.

—Ojalá pudiera ir al bosque —dijo Neftalí.

—Está muy lejos y no es tan divertido —respondió Rodolfo—. ¿Por qué te atrae tanto?

—Es que quiero verlo... todo —dijo Neftalí—. Los altos pinos y las cotorras y los escarabajos y las águilas. Y Padre dice que hay un pájaro en el bosque que predice el futuro.

—Sí, el chucao —asintió Rodolfo—. Si lo oyes

a tu derecha es un signo bueno que significa fortuna y felicidad. Si lo oyes a tu izquierda, es una advertencia de que tendrás una vida de mala suerte y decepciones. Dicen que el chucao no miente. Eso sí, antes de verlo seguro que lo oyes. El chucao es muy tímido.

—Yo quiero ver el chucao. Y quiero ver al otro Padre... al s-s-simpático.

Rodolfo hizo un gesto de resignación y salió del cuarto.

—Quiero verlo... todo —susurró Neftalí.

~   ~   ~

Los días dieron paso a las semanas. La lluvia incesante obligó a todos a permanecer en casa y el lodo impedía circular a las carretas.

Llegó un día en que el tío Orlando no pudo ir a la redacción del periódico, así que tuvo que escribir sus artículos en la mesa de la cocina.

El tío Orlando era el hermano pequeño de Mamadre. Tenía la misma cara ancha y unos ojos pardos de cachorrito, pero era mucho más alto. A Neftalí le encantaba verlo trabajar. Él se ponía a su lado en la cocina e imitaba todo lo que hacía.

Mientras tío Orlando escribía, Neftalí copiaba palabras de libros. Cuando el tío Orlando buscaba una palabra en el diccionario, él hacía lo mismo. Cuando el tío Orlando se ponía el lápiz detrás de la oreja, se levantaba de la silla y paseaba de un lado a otro, Neftalí lo seguía como su sombra. La lluvia no se rendía y Neftalí tampoco.

Una tarde, la cuarta desde que el tío Orlando se quedó a trabajar en casa, Laurita jugaba con sus muñecas en el piso de la cocina, Rodolfo tarareaba mientras hacía sus tareas y Mamadre pelaba papas para la cena. Al otro extremo de la mesa, en medio de sus papeles y libros, el tío Orlando escribía sin cesar. Neftalí estaba a su lado inclinándose más y más hacia él.

—Sobrino, dudo que haya suficiente sitio para los dos en esta silla a menos que te sientes en mi regazo. ¿Vas a quedarte mirando cómo escribo cada oración? —preguntó el tío Orlando.

Neftalí señaló una palabra en la hoja de

su tío.

—¿Qué significa esa palabra?

—Ahí dice mapuche. Son nuestros vecinos indígenas que viven en Araucanía.

Neftalí acercó su hoja y copió la palabra.

—Supongo que si sigues así, algún día tendré que hacerte mi socio.

Neftalí sonrió y asintió vigorosamente con la cabeza.

—Muy bien, pues si vas a ser mi asistente, ¡tendré que ajustar el ruido tan molesto que haces al respirar!

El tío Orlando extendió los brazos, puso a Neftalí en su regazo y empezó a hacerle cosquillas y a pelear con él. No tardaron mucho en caer rodando al piso.

Rodolfo saltó sobre ambos y Laurita, viendo que se acercaban peligrosamente a sus muñecas, empezó a gritar.

Los chicos se separaron entre risas.

Mamadre se quedó mirándolos con las manos en las caderas.

—Creo que nos empezaba a hacer falta un poco de diversión para sobrellevar esta lluvia tan deprimente —dijo—. Ya basta de quedarnos en esta habitación. ¡Todos al salón! Les leeré un cuento.

—P-pero no podemos ir al salón —le recordó Neftalí.

Mamadre sonrió y levantó los párpados.

—Hoy sí podemos —dijo.

Mientras Mamadre y el tío Orlando preparaban chocolate caliente, Neftalí, Laurita y el propio Rodolfo rieron como niños pequeños mientras llevaban mantas de sus habitaciones al salón.

No tardaron en estar todos acurrucados entre las mantas tomándose sus bebidas calientes. Mamadre llegó con un libro, se aclaró la garganta y empezó a contar un cuento que los transportó a todos a un territorio de duendes y princesas.

Al final del cuento, Laurita apartó de golpe la manta y empezó a dar saltitos en círculos.

—¡Soy una princesa! ¡Soy una princesa! —dijo.

—No pareces una —dijo Rodolfo riendo.

—Pues la verdad es que no —dijo el tío Orlando mientras miraba a Mamadre—. ¿Podemos hacer algo al respecto?

Mamadre sonrió, se levantó de la silla y se puso de rodillas ante un baúl de roble con remaches de latón.

Nadie había visto jamás el contenido de ese baúl. Neftalí miró a Rodolfo, que sonrió y se encogió de hombros. Laurita se puso las manos en la boca de la emoción.

Mamadre levantó lentamente la pesada y curva tapa.

Neftalí se sintió atraído por el olor a cedro y

ropa enmohecida.

Mamadre sacó una pila de vestidos doblados, un abrigo de lana y un sombrero de piel, y se los pasó a Neftalí. Luego halló un sombrero de copa y se lo pasó a Rodolfo. Laurita se puso el abrigo y empezó a dar vueltas. Mamadre sacó una guitarra y se la dio al tío Orlando, que se puso a afinarla.

Mientras Mamadre le ponía un pañuelo a Laurita, Neftalí se acercó al baúl. En el fondo vio un paquete de cartas y postales atadas con una cinta de satén. ¿Cuántas palabras habría guardadas allí dentro?

Se acercó al baúl y, al inclinarse para agarrar las cartas, se cayó adentro de cabeza.

Mamadre se volvió de golpe.

—¡Neftalí!

—¡Estoy aquí! —se oyó una voz atenuada desde el fondo.

Cuando el tío Orlando lo sacó y lo sentó en el sofá, Neftalí sostenía las cartas en la mano. Todas ellas habían sido abiertas por la parte superior del sobre, las solapas estaban selladas con cera y con un lacre en forma de corazón. En la primera de las cartas alguien había escrito la palabra amor junto al lacre.

Mamadre le quitó las cartas, las devolvió al baúl y lo cerró cuidadosamente.

—Neftalí, te podría haber caído la tapa en la

cabeza o en las manos. ¿Y para qué? ¿Para ver unas viejas cartas de unos parientes lejanos a quienes ni siquiera conoces? Prométeme que nunca abrirás este baúl.

Neftalí se quedó mirando al baúl con nostalgia.

—Lo p-prometo —dijo.

El tío Orlando tocó un acorde de guitarra.

—Neftalí, ven y siéntate a mi lado. Como socio, ¿qué crees que debamos hacer?

—¿Cantar una canción? —dijo Neftalí.

—Eso es exactamente lo que pienso —respondió el tío Orlando calando un pie en la silla y acomodándose la guitarra en la rodilla—. Rodolfo. ¿Nos harías el honor? Eres el mejor cantante de la familia.

Rodolfo estaba indeciso y buscó aprobación en la mirada de Mamadre.

—Tu padre no está, Rodolfo, y a mí me harías un gran favor.

Rodolfo volvió a mirar a Mamadre, que asintió con la cabeza.

En el fondo de su corazón Neftalí deseaba que su hermano cantara a pleno pulmón. Aplaudió entusiasmado.

—¡S-s-síii!

Rodolfo sonrió y se puso el sombrero de copa. Empezó muy despacio.

—*Libiamo, libiamo ne'lieti calici che la belleza infiora...*

Bebamos, bebamos en las chispeantes copas que la belleza engalana...

Se detuvo y volvió a mirar a los mayores.

—Sigue —dijo el tío Orlando tocando un acorde—. Conozco esa canción. Es de *La traviata*. Pero canta más alto y fuerte. Es una canción con mucha alma.

Rodolfo volvió a empezar.

Mamadre y Laurita bailaban.

Neftalí se levantó, golpeó el piso con el pie y siguió el ritmo con las palmas.

Laurita y Mamadre reían y bailaban a ritmo de vals, más y más rápido cada vez.

Neftalí no podía apartar la mirada de la cara

de Rodolfo, de la que había desaparecido toda sombra de rencor y abatimiento. Su voz era profunda, rica y operística.

Rodolfo abrió los brazos como alas y su voz de tenor era tan redonda, plena y bella, que a Neftalí se le llenaron los ojos de lágrimas.

El tío Orlando terminó la canción con una serie de sonoros acordes para acompañar la alargada nota final de Rodolfo.

Rodolfo se quitó el sombrero de copa e hizo una elástica reverencia. Mamadre y Laurita corrieron a abrazarlo.

—¡B-b-bravo! —exclamó Neftalí.

Neftalí no recordaba la última vez que había

visto tan alegres a Rodolfo o Laurita. O la última vez que oyó reír tan fuerte a Mamadre. Corrió hacia sus familiares y los abrazó en un momento de pleno gozo que deseó que durase para siempre.

Pero en ese instante Mamadre se puso rígida de golpe. Levantó una mano y giró la cabeza hacia un lado.

Todos quedaron mudos esperando a que Mamadre identificara lo que había oído. Allí estaba. Un leve silbato de tren. Aunque cada día pasaba un número indeterminado de trenes por Temuco, ella podía reconocer el de Padre. Su sonrisa se desvaneció.

Neftalí vio cómo el rostro de su hermano se vaciaba de alegría.

—No se preocupen —dijo Mamadre—. El tren aún está por llegar. Ahora, apúrense...

Todos pusieron manos a la obra. Rodolfo y el tío Orlando devolvieron todo al baúl. Laurita se apresuró a recoger las tazas y los platos. Pero le temblaba tanto la mano que una taza cayó al piso y se rompió. Empezó a llorar.

Neftalí corrió a su lado.

—No te preocupes, Laurita —le dijo—. Tú lleva las frazadas a las habitaciones que yo recogeré los trozos.

Laurita lo miró con los ojos muy abiertos.

—Pero si...

—Si Padre se da cuenta —dijo Neftalí—, le

diré que fui yo quien la rompió.

Laurita se secó las lágrimas con un brazo, sonrió a su hermano y empezó a recoger las mantas.

Mientras tanto, Mamadre hacía varias cosas al mismo tiempo: fue a la cocina por un mantel para el comedor, sacó un candelabro del armario para la mesa, dobló las servilletas y con suma atención y cuidado colocó los vasos y los platos sin decir palabra.

Cuando Neftalí acabó de lavar las tazas y los platos, corrió a ayudar a Rodolfo y al tío Orlando a llevar más sillas a la mesa. Le daba pavor que los adultos lo miraran a los ojos y le hicieran preguntas.

—¿Cu-cuántas sillas?

—Al menos doce —dijo Mamadre sin levantar la mirada—. Si Padre no llega con invitados su-

ficientes, llenará cada silla vacía con extraños de la

calle. Péinate. Lávate las manos. Tengo que calentar

el bistec y las empanadas.

A Neftalí se le hacía agua la boca de sólo pen-

sar en las empanadas de papa y carne encebollada.

Esperaba que llenasen el vacío que sintió al oír el so-

nido del silbato: el sentimiento de que había perdido

algo de repente.

Vio a Mamadre darse la vuelta con una expre-

sión de languidez y preocupación. ¿Qué había sido

de aquella risa, del brillo de sus ojos y de sus mejillas

encendidas? ¿Dónde los había enterrado Mamadre?

Al cabo de una hora, las botas de Padre resonaron en el suelo de madera.

—¡Aquí estoy! —exclamó con su voz rotunda antes de tocar su silbato.

Neftalí, Rodolfo y Laurita se presentaron ante él para pasar inspección. Mostraron las palmas y el envés de las manos. Las manos de Neftalí seguían coloradas de tanto fregar.

—Satisfactorio —dijo Padre con un gesto de aprobación. Luego, todos se dirigieron al comedor.

La puerta volvió a abrirse y los hombres desfilaron hacia el interior de la casa: eran trabajadores del ferrocarril, tenderos e incluso un viajante que se vio obligado a pernoctar en Temuco.

Padre colocó los vasos en el aparador, sirvió

bebidas y asignó un asiento a cada hombre.

Neftalí se sentó en la silla con la mejor postura posible y estudió su plato detenidamente, haciendo lo posible por evitar las miradas de los invitados. Echó el mantel a un lado y miró debajo de la mesa con melancolía. ¡Cómo deseó esconderse entre esa masa gris de botas!

Padre presidía la mesa mostrándose jovial y generoso con sus invitados, contando historias con la misma soltura con que pasaba el pan amasado que hacía Mamadre en casa. Contó historias de caballos percherones, de pumas salvajes y de los indios mapuche.

—¿Cuál es la situación actual de los mapuches? —preguntó el viajante.

—Estamos intentando sacarlos de la zona —dijo el tendero—. Pero muchos se resisten a escucharnos. No son tiempos fáciles para aquellos de nosotros que queremos llevar el desarrollo al territorio y establecer una linda comunidad en Temuco.

—Los mapuches han vivido en esta tierra durante siglos —dijo el tío Orlando—. ¿Por qué iban a marcharse de aquí?

Lo dijo con fuego en las entrañas y determinación en la mirada.

Neftalí admiraba la libertad con que su tío expresaba sus opiniones sobre el bien y el mal. ¿Tendría él alguna vez el valor para hacer lo mismo?

—Su presencia no es deseable —dijo el tendero—. No quieren adaptarse al modo de vida de la ciudad. Los mapuches ni siquiera saben leer. Los tenderos tienen que poner carteles en forma de zapato gigante en las zapaterías, carteles en forma de martillos gigantes en las ferreterías... llaves gigantes en la cerrajería. Es absurdo. ¿Y todo para que ellos sepan distinguir qué comercio es cada uno?

Neftalí pensó que aquello era verdad. Él había visto esos carteles. Su favorito era el del zapato gigante.

—¿Y qué tiene eso de malo? —preguntó el tío Orlando—. También podríamos aprender nosotros algo de su idioma, ¿no cree? Al fin y al cabo fuimos nosotros quienes vinimos a su territorio. ¿Por qué tienen ellos que abandonar todo lo que han aprendido durante generaciones?

Neftalí meditó las palabras del tío Orlando. No alcanzaba a imaginar cómo sería si lo obligaran a abandonar su hogar, sus libros, sus colecciones. Por no mencionar su escuela y el río Cautín. Sus ojos seguían la conversación de un hombre a otro. Sus voces se hacían más intensas con cada réplica.

—Estamos hablando de progreso —dijo el tendero—. Para mí es un asunto de negocios, ni más ni menos.

—Codicia, ni más ni menos —dijo el tío Orlando—. Su razonamiento es espeso como el lodo.

—Un momento —dijo el tendero escudriñando al tío Orlando con la mirada—. Yo lo conozco. Usted es el propietario de *La mañana*, el periódico que publica artículos a favor de los mapuches.

El tío Orlando se puso en pie.

Neftalí miraba la escena asustado, con los ojos muy abiertos. El tendero era mucho más corpulento que el tío Orlando.

—Caballeros! ¡Esto es una cena familiar! —dijo Padre—. Hablaremos de los mapuches en otro momento.

El tío Orlando se sentó con los brazos cruzados sobre el pecho.

El tendero partió la carne con el tenedor y empezó a comerla. Masticaba con intensidad, su mirada pasando de una persona a otra.

Nadie dijo una palabra.

Mamadre se levantó de la mesa. Su silla arañó el piso, quebrando el incómodo silencio.

Padre señaló a uno de los trabajadores.

—Cuéntale a los niños del escarabajo que encontraste ayer.

Neftalí se estiró levemente para escuchar mejor.

—Estaba en una luma. Era como una joya viviente revestida de fantásticos colores: rosado, verde, púrpura y plateado. Y cuando intenté atraparlo se marchó. Estaba frente a mí y en un instante... puf —dijo mirando a Neftalí—. ¿Has estado alguna vez en el bosque, joven?

Todos los ojos miraron a Neftalí. Sabía que cuando le hablaba un adulto su obligación era responder. Pero sentía que la piel le constreñía el cuerpo y notó un intenso rubor en las mejillas.

—N-n-n-n-n... —no le salía la palabra. Volvió a intentarlo—. N-n-n-n-n.

Padre empezó a inquietarse en la silla. Su rostro se enrojeció.

—No le hagan caso —dijo—. Es un cabeza-hueca. Y está tanto tiempo en las musarañas que apenas puede hablar. Es difícil saber qué será de él.

Neftalí se quedó cabizbajo, paralizado. ¿Respiraba? No estaba seguro.

—Pensar un poco en las musarañas no tiene nada de malo —dijo el tío Orlando—. Quizá sólo necesite hacer deporte al aire libre, un viaje a los grandes bosques donde pueda concentrarse en las cosas reales, en esta hermosa tierra y sus gentes, antes de que algún urbanizador lo cambie todo.

Miró a Neftalí de reojo. El muchacho levantó la mirada tímidamente y asintió con la cabeza.

—Quizá el año que viene si mejora un poco —gruñó Padre, y enseguida miró a Mamadre y añadió—. Tomemos café. Niños, pueden levantarse.

Agradecido de estar liberado, Neftalí se bajó de la silla y corrió a la habitación. Con las voces atenuadas de los adultos de fondo, el muchacho se paró ante sus colecciones. Ordenó las filas de piedras, ramas y nidos, tocando cada uno de los objetos como si estuviera pasando lista.

Aquella palabra que pronunció su padre resonaba en su mente.

Cabezahueca. Cabezahueca.

No tenía sentido. ¿Cómo iba a ser un cabezahueca cuando la tenía tan llena de pensamientos?

Abrió el cajón y desplegó todos los papelitos que tenía allí doblados. Luego leyó las palabras, pronunciando cada una de ellas perfectamente. Antes de guardarlos de nuevo, agregó el nombre de aquel árbol: luma.

Luego, recostado en su cama, Neftalí trató de imaginar al escarabajo en la luma, aquel que parecía una joya viva capaz de desaparecer en un instante.

Seguía escuchando las palabras de Padre.

Neftalí deseaba que el tiempo se pudiera evaporar tan rápido como aquel colorido escarabajo —en un puf— para poder descubrir de inmediato qué sería de él.

¿De qué color es un minuto?

¿Un mes?

¿Un año?

Soy poesía,

acechando entre un empedrado de sombras.

Soy la confusión

de la raíz

y del nudo de la rama.

Soy la simetría

del insecto,

de la hoja,

y la envergadura toda del pájaro.

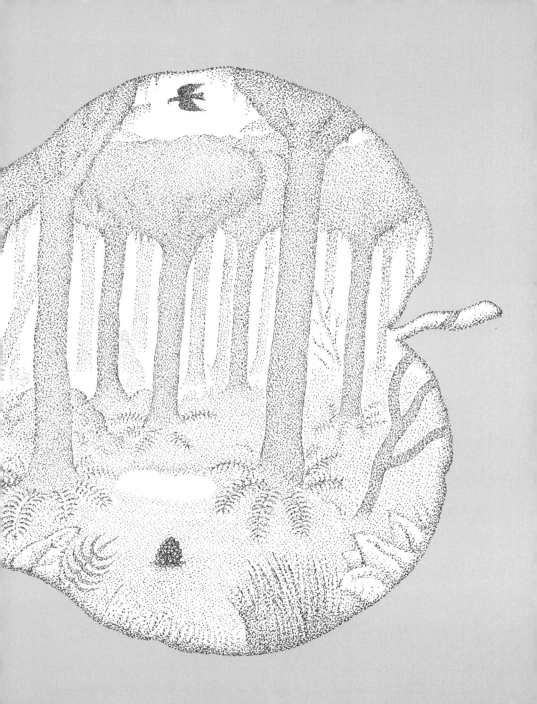

EL BOSQUE

—Esas son hierbas, Neftalí, no flores —dijo Rodolfo—. Ahora vámonos, si vuelvo a llegar tarde a la escuela por tu culpa, se lo diré a Padre. Y hoy no tengo ganas de correr.

Neftalí dejó de recoger las florecillas que daban al aire primaveral un olor picante. Se metió en el bolsillo las que había recogido y corrió hacia Rodolfo.

Rodolfo, con las manos en las caderas, miró

sorprendido a su hermanito.

—Vaya, ¿hoy vas a hacerme caso?

—N-no quiero meterme en líos. Sólo faltan tres días para que Padre me lleve al bosque en tren. Ya soy mayor. Tengo ocho años. Y me he puesto fuerte. —Levantó un brazo y lo flexionó tratando de sacar músculo.

—Me alegro por ti —dijo Rodolfo cerrándole el abrigo—. A mí no me importaría volver al bosque jamás.

—Eso es porque s-siempre te toca ir a ti con Padre. ¿Qué viste la semana pasada?

Rodolfo no respondió. Se limitó a tomar a Neftalí de la mano, miró hacia adelante y emprendieron el camino a la escuela.

—¿Pájaros? ¿Vieron muchos pájaros? —insistió Neftalí.

—Sí, vi pájaros —dijo Rodolfo suspirando—. Vi hasta al tímido chucao. Y don Chucao me hizo una advertencia.

Neftalí le tiró de la mano obligándolo a detenerse.

—¿Cómo sabes que era el chucao?

—Es muy fácil. Dice su nombre, chu-cao. Es un pajarito pequeño con el buche cobrizo. Pero su tamaño es engañoso, tiene una voz muy potente.

—¿Y cantó a tu derecha o a tu izquierda?

—A mi izquierda —dijo Rodolfo.

—¿Y tuviste mala suerte?

Rodolfo raspó el suelo con la bota.

—Un poco.

—Pero si oíste al pájaro a tu izquierda, ¿por qué no te diste la vuelta? —dijo Neftalí cambiando de dirección—. Así el pájaro habría quedado a tu derecha. Y entonces habrías tenido buena suerte.

Rodolfo hizo un gesto de impaciencia.

—Sólo hay un antídoto contra la advertencia, quitarse una prenda, como el sombrero, un zapato o la camisa, y volvérsela a poner. Si lo haces a tiempo, eliminas la mala suerte. Yo me quité el sombrero.

—¿Lo hiciste a tiempo? ¿Se borró la mala suerte?

—Casi toda —respondió Rodolfo frunciendo el ceño, como si un nubarrón se estuviera cerniendo sobre él. Volvió a tomar de la mano a su hermano y siguieron caminando hacia la escuela.

—¿Qué pasó? ¿Te picó un abejorro?

—Nada de importancia.

—Entonces, ¿qué más viste en el bosque? —preguntó Neftalí.

Rodolfo no le hizo caso.

—Seguro que viste algo... ¿águilas? ¿Vi-viste águilas? ¿Y Padre? ¿Cómo se portó contigo en el bosque? Cuéntamelo, porfa...

—¡Deja de suplicar! —replicó Rodolfo—. Y no me lo vuelvas a preguntar o le diré a Padre que me has hecho llegar tarde a la escuela. Y entonces te podrás ir despidiendo de tu maravilloso viaje al bosque.

¿Qué le pasaba a Rodolfo? ¿Tendría celos de que esta vez le tocara a Neftalí acompañar a su padre? ¿O simplemente era un desagradecido?

Al llegar al patio de la escuela, Rodolfo le soltó la mano.

—Vete a tu salón de clases. Y si crees que en el bosque Padre va a ser maravilloso, puede que acabes defraudado. Así que no tengas demasiadas esperanzas.

Rodolfo se dio media vuelta y se marchó cabizbajo y con las manos en los bolsillos.

Neftalí se quedó mirando a su hermano y advirtió que cojeaba.

~   ~   ~

Tres días después, Neftalí abrió los ojos con las primeras luces que anticipaban el alba. Era demasiado temprano para levantarse. Se quedó mirando el techo, imaginando todas las cosas que podría recoger en el bosque para sus colecciones.

Luego, las grietas del techo se abrieron y dejaron ver el cielo. Se veía a sí mismo tumbado en la cama bajo un inmenso árbol con un tronco enorme. Se levantó, se puso las botas y empezó a caminar alrededor del tronco, contando los pasos para saber cuántos daría hasta cerrar el círculo completo.

—Cuarenta y tres, cuarenta y cuatro, cuarenta y cinco...

Su cama marcaba el punto de partida, pero por muchos pasos que daba no podía recorrer el perímetro del árbol para volver adonde empezó. Finalmente, Neftalí decidió escalar el gigantesco árbol esperando pasar sobre él, en vez de alrededor. Cuando estaba en las ramas más altas, escuchó la voz de su padre.

—Neftalí, ¿has dormido con las botas puestas?

Neftalí cayó del árbol a la cama. Al abrir los ojos, vio a su padre con una capa de color gris oscuro. Era la primera vez que le veía esa capa.

Neftalí se incorporó y se quedó mirando las botas que llevaba puestas.

—Quería estar preparado —dijo mientras saltaba al piso. Su corazón galopaba de emoción.

—No tan deprisa —dijo su padre con una leve risa—. Hay tiempo de sobra. Vístete y toma el desayuno. Y ponte ropa cálida. El aire de la mañana es muy frío.

Neftalí señaló a su padre.

—¿Y esa capa?

—Ah, sí. Es nueva. La compañía me la regaló por mis servicios. Es de lana de primera. Haz lo que te he dicho. Te espero en el andén.

Neftalí vio a su padre dar media vuelta y alejarse con la capa ondeando a sus espaldas.

~   ~   ~

Al llegar a la cocina, Neftalí vio a Rodolfo comiéndose una marraqueta.

Mamadre indicó a Neftalí con un gesto que se sentara ante un plato con un panecillo listo para ser embadurnado de mermelada.

Laurita entró somnolienta en la cocina con su muñeca de trapo. Mamadre la levantó, la besó y la puso en una silla. Luego le dio una bolsa a Neftalí.

—Te he puesto pan, fruta y queso para después. El viaje en tren es largo y tendrás hambre.

—Ojalá pudiera ir yo en el tren —dijo Laurita.

—Eres muy pequeña —dijo Neftalí—. ¿No es cierto, Rodolfo?

Rodolfo se quedó callado mirando su comida, hasta que Laurita se echó la mermelada encima y Mamadre se la llevó para cambiarla. Entonces Rodolfo dejó el tenedor y se inclinó hacia su hermano.

—Neftalí —dijo—, mírame y escucha bien lo que te voy a decir. Cuando vayas con Padre debes seguir sus instrucciones. No molestes a los trabajadores. Una vez lo hice y tuve que pasarme toda la mañana en el tren. Y no les dirijas la palabra a los trabajadores a menos que ellos te hablen a ti primero. Si no, Padre creerá que los estás distrayendo de sus tareas. Otra cosa... y esto es muy importante —Rodolfo se inclinó sobre la mesa y puso la mano sobre el brazo de su hermano—: ¿Me estás escuchando?

Neftalí asintió.

—Cuando toque el silbato vuelve al tren inmediatamente para que no tenga que ir a buscarte. Ahí es donde cometí el error. La semana pasada... llegó el momento de partir y tuvo que ir a buscarme. Cuando dio conmigo, vio que lo había desobedecido. Él... él... —Rodolfo hizo una mueca de dolor—. Aún tengo los moretones. ¿Me entiendes? Te conviene que Padre no te encuentre haciendo algo... malo.

Neftalí sintió que el corazón se le hundía hasta el estómago.

—¿Qué estabas ha-haciendo?

Rodolfo miró hacia otro lado durante unos instantes. Luego soltó el brazo de Neftalí, se apartó de la mesa de golpe y se puso de pie. Caminó tambaleándose hasta la puerta y dijo:

—Estaba cantando.

¿Qué es más afilado?

¿El hacha que tala los sueños?

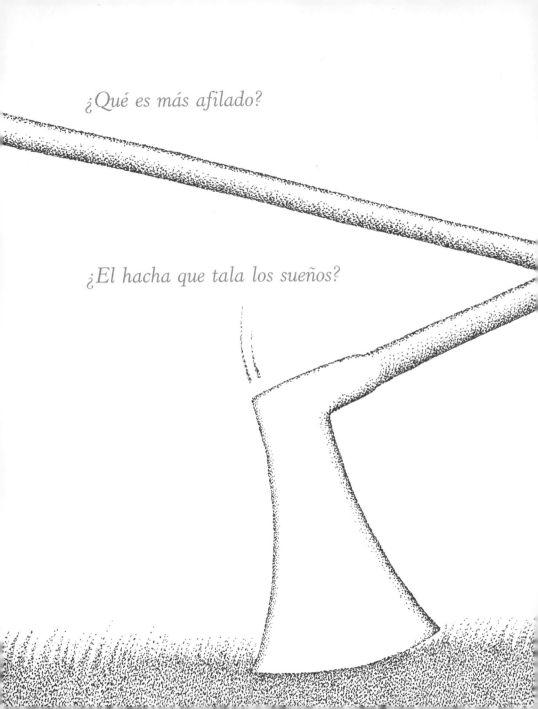

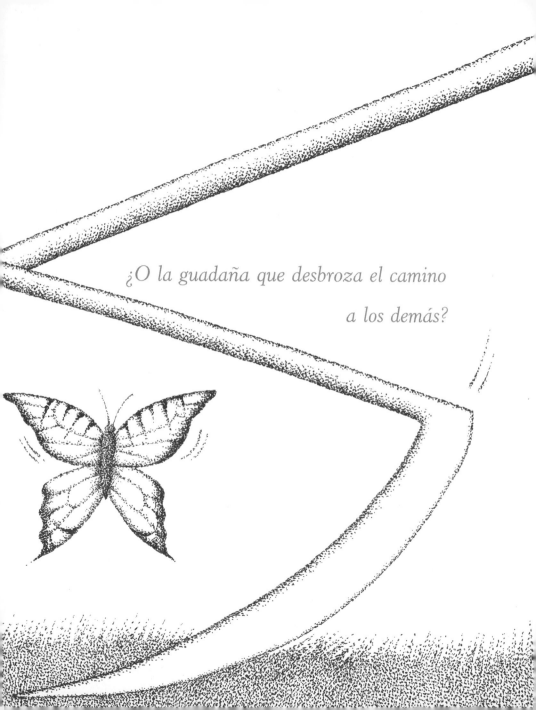

¿O la guadaña que desbroza el camino

a los demás?

El tren se sumergía en la espesura del bosque lluvioso a través de un velo de bruma. Neftalí miraba por la ventana pensando en los consejos que le había dado Rodolfo. Por fuera había seguido a rajatabla todas las instrucciones de su padre: se había puesto un suéter de lana; se había sentado delante, al lado de su padre; había sido formal y no se había encaramado al banco; no había hablado con ninguno de los trabajadores ni había llamado la atención. Por dentro, sin embargo, no dejaba de saltar de emoción. Sentía un cosquilleo en el estómago y no dejaba de pellizcarse para comprobar que no estaba durmiendo.

Varias horas después, el tren se detuvo. Los fornidos trabajadores se bajaron del tren. Neftalí siguió a su padre hacia un mundo de coníferas.

Estaba aturdido por la intensidad de las sensaciones que lo embargaban. No podía abarcar todo lo que lo rodeaba: las diminutas agujas de luz que ensartaban la cúpula arbórea, el olor acre de los hongos gigantes, la fragancia ácida de los pinos y los vuelos y graznidos repentinos de los loros.

Padre estaba junto a él, tocando el silbato y dando instrucciones a sus hombres, que empezaron a extraer piedra.

—¿Ves? —dijo Padre—. Los hombres ponen las piedras en los capachos, que son esas cestas colocadas a lo largo de las pértigas. Luego, dos hombres, uno en cada extremo, las llevan y las depositan en los vagones. Esas rocas se depositarán en tramos de vía para anclar los rieles en su emplazamiento.

Neftalí observaba fascinado cómo los hombres, con la piel plateada por el sudor, levantaban las pértigas con los capachos y los transportaban al tren.

—No te vayas muy lejos. Te avisaré cuando sea la hora del almuerzo —dijo Padre, y se marchó a toda prisa con los trabajadores.

Neftalí estaba agradecido de que lo hubieran dejado explorar por su cuenta. Se adentró en el bosque con un sentimiento de reverencia, pero no se alejó demasiado. Y a pesar de no estar muy lejos del tren, fue como entrar en una majestuosa catedral, en un mundo sin cielo.

Caminó despacio, deteniéndose cada varios pasos para examinar cada novedad: el envés de las hojas gigantes, las alas luminiscentes de los insectos, plumas de aves y vainas caídas de los árboles. Se llenó los bolsillos de ramitas y de resbaladizos huevos de perdiz. Volteaba ramas caídas en el suelo en busca de madrigueras de araña.

Neftalí vagó por el bosque toda la mañana inhalando el aroma de las hojas mojadas, las hierbas silvestres y la canela. Despejó un rodal de tierra mojada y escribió sobre ella con un palo. Murmuraba lentamente palabras a los árboles, deleitándose con los ritmos que formaba con la lengua al enunciarlas.

CHUCAO

RAULÍ

LIANA

LUMA

HIERBA

COPIHUE

MAPUCHE

PUMA

Neftalí miró alrededor para ver si había alguien cerca. Si Padre lo hubiera visto, ¿habría pensado que era un cabezahueca? ¿Estaba haciendo algo malo?

Borró las palabras y volvió a tapar el rodal con hojas.

Oyó un sonido de hojarasca en el interior de un tronco y se agachó para mirar dentro. Un gigantesco escarabajo cornudo se ocultó rápidamente entre las hojas. Neftalí saltó hacia atrás, pero luego se acercó para verlo silbar. Jamás había visto un escarabajo tan grande y de aspecto tan fiero.

—Es un monstruo, ¿no?

Neftalí se sobresaltó al escuchar la voz. Miró hacia arriba y vio a Padre inclinado sobre él. ¿Habría tocado el silbato sin que él lo oyera? El caso es que Padre no parecía enojado.

—Es un escarabajo rinoceronte —dijo Padre—. Es tan fuerte que podría arrastrar un tronco ochocientas veces más pesado que él. ¿Ves los cuernos? Los usa para luchar. Es el rey. —Le dio una palmadita en la espalda—. Dentro de poco es la hora del almuerzo. En unos minutos quiero verte en el tren.

Neftalí asintió y lo vio marcharse muy seguro de sí mismo bajo su capa oscura, como si fuera el dueño del bosque.

Neftalí giró para ver otra vez el escarabajo. ¿Cómo es posible que algo tan pequeño transporte una carga tan pesada? ¿Qué clase de poderes tendrá?

Miró al escarabajo con fascinación y vio cómo el caparazón se contorsionaba y se dilataba haciéndose más y más grande. Sus patas se alargaron hasta que alcanzó el tamaño de un poni.

Neftalí lo miró boquiabierto.

Aquella criatura lo miraba a él con sus enormes y almendrados ojos.

El escarabajo rinoceronte se acercó. Cuando estaba a tan sólo unas pulgadas de Neftalí, plegó sus patas delanteras y agachó su repulsiva cabeza como si le estuviera haciendo una reverencia. Luego emitió un sonido agudo.

Sorprendido por su serenidad, Neftalí se montó a horcajadas sobre su dura grupa y cabalgó por el bosque controlando su súbita fortaleza.

¿Qué se oculta bajo el valor

de un armazón negro y brillante?

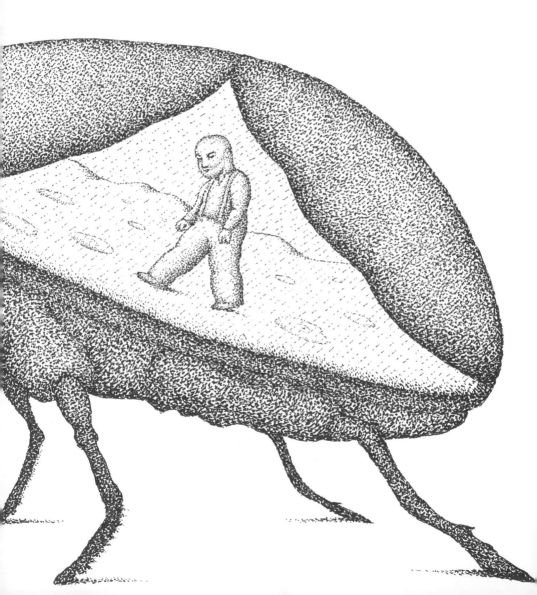

Neftalí se sentó al lado de su padre a la hora del almuerzo. Escuchó a los trabajadores retarse unos a otros con alegría y buen humor.

Incluso Padre participaba de las bromas, hasta que, de pronto, hizo una pausa señalando un árbol cercano y pidió silencio. ¡Shh!

Neftalí se dio la vuelta y vio otro escarabajo. Este era como un arco iris resplandeciente: ¡La joya viviente!

Todos se quedaron contemplándolo en silencio con gran admiración.

De pronto, un loro pasó por encima y asustó al insecto, que se transformó en una ráfaga de luz y desapareció.

Padre le dio con el codo.

—¡Qué suerte! La primera vez que vienes al bosque y ves algo así.

Uno de los hombres le pasó un tomate a Neftalí.

—Oye, ¿entonces esta es tu primera vez en el tren de mantenimiento?

—Le encanta —interpuso su padre, pasándole un brazo por encima del hombro—. Después de todo es el hijo de un ferroviario.

Neftalí miró al piso con una sonrisa de oreja a oreja. Éste debía ser el otro Padre.

—¿También será maquinista? —preguntó otro.

—No. Será médico o dentista.

Neftalí levantó la mirada hacia su padre. ¿Cómo iba a saberlo cuando ni él mismo lo sabía?

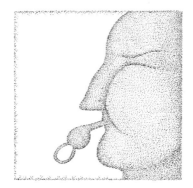

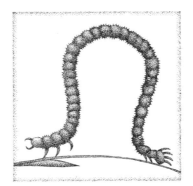

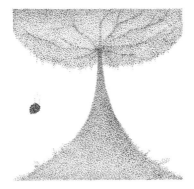

EL ÁRBOL

NEFTALÍ PASÓ TODA LA TARDE explorando el gran bosque, alejándose cada vez más del tren hasta llegar a un pino altísimo en un pequeño claro. Miró hacia la copa y se preguntó qué cosas habría visto desde allí arriba. ¿Escondería todos los secretos del bosque en sus intrincados nudos? ¿Sabría qué sería de él en el futuro?

Observó el suelo alrededor del pino y encontró

un reguero de piñas cerradas como un puño. Siguió buscando hasta que encontró una abierta. Era grande y abultada, y estaba salpicada de perlas de savia. La giró con cuidado sobre la palma de la mano. Las escamas parecían un carrusel de alas iridiscentes. Al darle la vuelta parecía una cascada de diminutas sombrillas. La elevó con las dos manos y observó su belleza.

Luego, miró con gratitud hacia las ramas del gran árbol que le había concedido ese tesoro.

—Gracias —susurró.

Algo se movió por las ramas.

Neftalí buscó detenidamente, rama por rama. Sólo veía el leve movimiento de las acículas en la brisa. Pero no retiró la mirada y, muy pronto, volvió a detectar el movimiento.

Un águila lo observaba desde una de las ramas más altas.

Neftalí no quería moverse por temor a espantarla. La vio girar la cabeza y mirar hacia su vasto dominio arbóreo; la vio arreglarse las plumas del pecho y sacudirse. Luego, abrió sus alas blancas y, con la elegancia de una bailarina, saltó hacia el cielo.

Neftalí se la quedó mirando hasta que desapareció en la distancia. Miró a su alrededor y suspiró. Deseaba poder contar a alguien lo de la piña y lo del águila. Deseaba compartir todo lo que había visto con un amigo, con alguien a quien pudiera apretar las manos de emoción, alguien a quien pudiera contar lo que había visto sin tartamudear. Lo deseaba de todo corazón.

Se atrevió incluso a pensar en la posibilidad de contárselo a su padre.

Esperaría hasta que volvieran juntos en el tren. Para entonces ya habría terminado su trabajo y estarían los dos solos sentados juntos en el tren. Neftalí dispondría de él durante horas para contarle lo del águila y enseñarle la piña.

Sonrió mientras abandonaba el claro del bosque, hasta que oyó la llamada.

chu-chu-chu-chu-cau

chu-chu-chu-chu-cau

chu-chu-cau

chu-cau

chu-chu-chu-chu-cau

¡El chucao! ¿De qué dirección venía? Si el canto llega desde tu derecha, significa buena suerte y felicidad. Si el canto llega desde tu izquierda, significa mala suerte y decepción. ¡Y jamás mentía!

Neftalí se dio media vuelta. Pero estaba confundido, no sabía dónde estaba el pájaro. Por si acaso, dejó la piña en el suelo, se quitó el suéter y se lo volvió a poner. Recogió la piña de nuevo y escuchó con atención.

Chu- chu- chu- chu-cau

Volvió a oírlo. ¡Esta vez estuvo seguro de que venía desde su derecha! Buena suerte. Quizá incluso se le concediera su deseo de tener un amigo entrañable y el afecto de su padre. Neftalí esbozó una gran sonrisa. Al volverse, vio al chucao remontar el vuelo de un tronco caído a una rama baja y, desde allí, a la hojarasca. Volvió a cantar. Rodolfo tenía razón, era muy pequeño pero su voz resonaba por encima de todos los sonidos del bosque: excepto el silbato de Padre, que acababa de emitir su estridente señal.

Neftalí se fue derechito al tren y sólo se detuvo para recoger una oruga aterciopelada para que Padre la identificara.

Al llegar a la locomotora se encontró a Padre conversando de pie con sus hombres. Neftalí se acercó lentamente con sus pequeños tesoros.

Los hombres no pudieron contener la risa.

Neftalí se miró. Tenía los bolsillos de delante abultados. De los bolsillos de atrás le asomaban palos y una cola de hiedras, y de la cabeza le caían plumas y hojas secas que se le habían pegado al cabello. En una mano llevaba la piña. En la otra, la oruga velluda. Los hombres rieron muy fuerte ante semejante espectáculo.

Neftalí vio cómo las mejillas de su padre se sonrojaban de vergüenza. Aguantó la respiración dominado por la idea de que había llamado la atención. ¿Había sido un fanático? ¿Cómo reaccionaría Padre al sentirse avergonzado?

Entonces, puso la piña y la oruga sobre una roca y se vació los bolsillos: huevos de ave, hojas

brillantes, la punta de una cola de zorra. Se sacó los palos y las hiedras de los bolsillos de atrás y los arrojó a un lado. Se sacudió el pelo formando una nube de polvo y hojarasca.

Los hombres rieron a carcajada limpia.

Neftalí vio cómo el rostro de su padre se quedaba duro y rígido como una piedra.

—Ya basta de tonterías. Todos al tren. Es hora de partir.

Se dio media vuelta y se marchó.

Neftalí no soportaba la idea de abandonar la piña, así que la agarró, la metió bajo el suéter y se subió al tren. Permaneció en su asiento lo más pegado posible a la ventanilla.

Un trabajador se detuvo un instante a su lado como si fuera a decirle algo. Pero antes de que pudiera abrir la boca, Padre intervino.

—¡No hagas caso al chico! ¡Es un idiota!

Cuando el tren arrancó, Neftalí esperó a que Padre se sentara a su lado, pero no lo hizo. Neftalí se quedó mirando por la ventana hasta llegar a Temuco. Miraba el paisaje abrazado a su piña y preguntándose si, por primera vez, el chucao había mentido.

~   ~   ~

Al llegar a casa, Neftalí se quedó mirando su altar de pequeños tesoros hasta encontrar un sitio de honor. Ordenó sus cuidadas filas de plumas, huevos, hojas, piedras, nidos, vainas y palos en las que ahora la piña ocupaba un lugar prominente. Cada vez que Neftalí tocaba un objeto, se imaginaba las historias que alguna criatura podría haber contado mientras se cruzaba con él: una oruga a la hoja enervada, una serpiente a la rama, una zorra a la vaina...

Agotado de la larga jornada, se metió en la cama y cerró los ojos.

Aquella noche, la piña viajó con él, lo acompañó por el aire lejos, muy lejos de Temuco.

¿Qué sabio consejo susurra
el águila a quienes están
aprendiendo a volar?

LA PIÑA

NEFTALÍ OYÓ LAS BOTAS DE PADRE subiendo por las escaleras. Bajó su libro y se quedó esperando con el deseo de que no lo llamara. Las pisadas atravesaron la casa y, tal y como sospechaba, sonó el silbato. Neftalí cerró los ojos con una mueca de dolor. ¿Por qué no lo dejaría leer en paz?

Había pasado un mes desde la excursión al bosque y desde entonces, Neftalí había evitado a

Padre. Pasaba cada minuto libre del que disponía encerrado en su habitación leyendo libros de Julio Verne. Neftalí dejó caer *Viaje al centro de la Tierra*. En vez de acudir a toda prisa, se acercó despacio, a propósito. Encontró a Padre caminando por el salón como un león enjaulado.

—Tienes que acudir al instante, Neftalí. ¿Qué estabas haciendo?

—Leyendo, Padre.

—¡Pareces una rama quebradiza! —le espetó—. ¡Y no creo que tu obsesión por los libros te vaya a hacer más vigoroso! ¿Es que no hemos hablado de esto mil veces? ¿Acaso quieres ser un despistado el resto de tu vida?

—N-no, Padre.

—Deberías salir en vez de derrochar estos días de buen tiempo. Anda, corre a jugar con los demás chicos. Se acabaron tus absurdas diversiones. Juega con ellos y hazte un hombre.

Neftalí salió bajo la atenta mirada de Padre. Se metió las manos en los bolsillos y zigzagueó calle abajo hacia los chicos, que jugaban un partido de fútbol.

Valeria, una amiga de Laurita, y su hermana Blanca se dirigieron hacia él. Blanca solía acompañar a Valeria a su casa para jugar con Laurita. Aunque Neftalí nunca lo había admitido, Blanca le parecía amable y linda. Verla en ese momento, aunque fuera en la distancia, lo hizo sonrojarse.

Al verlas acercarse, Neftalí miró fijamente al suelo. Su corazón latía con fuerza. ¡Blanca le había sonreído! Quiso responderle, pero se le formó tal nudo en la garganta que apenas podía tragar. Así que apretó la barbilla contra el pecho y siguió caminando. Una docena de pasos después, se dio media vuelta para ver si ya habían desaparecido, y entonces dejó escapar un profundo suspiro. ¿Por qué no pudo devolver el saludo? ¿Habría pensado que era bobo? ¿Volvería a dirigirle la palabra?

Trató de serenarse observando los restos de una tempestad reciente. Deambuló entre los charcos oleaginosos de color herrumbre y verde, como el pelo y los ojos de Blanca. Escudriñó las cortezas de árbol medio arrancadas de los troncos que pendían de los árboles con un vuelo similar al de la falda de Blanca. Admiró las piedras que la lluvia había arrastrado hasta el margen de la carretera, piedras lisas y bruñidas como la piel de Blanca.

¿Neftalí?

¿Había susurrado alguien su nombre? Se puso en pie y se dio la vuelta.

No lejos de allí, Rodolfo y Guillermo se pasaban el balón. Guillermo era un chico nuevo de la escuela. Sólo tenía un año más que Neftalí, pero era casi del mismo tamaño que el veterano Rodolfo. El fornido muchacho sólo llevaba unas semanas en la escuela y ya se había metido en varias peleas. Neftalí esperaba que Guillermo y su familia se quedaran sólo unos meses en Temuco, como tantos otros.

¿Neftalí?

La misma voz. ¿Lo había llamado Rodolfo? ¿Querría que Neftalí jugara con ellos? Corrió hacia ellos.

Nada más con verlo, Guillermo gritó:

—¡Canilla! ¡Canilla! ¡No lo dejes jugar!

Ni él ni Rodolfo apartaron la mirada del balón, como si Neftalí fuera invisible.

Si Rodolfo no lo llamó, ¿quién fue entonces?

Neftalí miró de un extremo de la calle al otro,

pero no vio a nadie que mirase hacia él. Quizá Padre

tenía razón. Quizá no era más que un despistado.

Miró hacia abajo y vio un palo en el piso, un palo

perfecto para arrastrar por el suelo. Lo agarró y volvió

a su casa. Al llegar a su jardín escribió en la tierra:

Neftalí estudió la casa con detenimiento y la ventana de la habitación desde donde solía mirar al agujero de la cerca. Se dio media vuelta y se dirigió hacia la esquina del jardín. ¿Dónde estaba la abertura? Retiró unas zarzas hasta que dio con el lugar, que estaba atorado de hojas y barro que apartó con un palo hasta despejarlo por completo. Luego se agachó y se asomó al otro lado.

En la casa de al lado, las flores cabizbajas parecían hacerse reverencias. Los árboles se alzaban en verdes frondas, y hasta los cardos se aglomeraban como viejos amigos. Por lo demás, a través del agujero sólo se veía un jardín invadido de matojos.

De pronto lo invadió una extraña sensación

que le erizó el vello de los brazos. Presintió una presencia y hasta creyó haber oído a alguien inhalar una bocanada de aire. Se echó hacia atrás. Pero pasados unos instantes se volvió a asomar. Nada. ¿Habría sido tan grande su deseo de que hubiera alguien allí que había inventado un espíritu en su imaginación?

De pronto, una mano infantil apareció y volvió a desaparecer como un destello. Neftalí se apartó con el corazón a todo galope. La mano volvió a aparecer y pasó una oveja de juguete por la abertura. Neftalí la recogió. Los ruedines sobre los que alguna vez rodó la oveja habían desaparecido. La lana estaba apelmazada y amarillenta. Pero a Neftalí le daba igual. Había alguien al otro lado. ¿Sería algún recién llegado a Temuco? ¿Sería alguien de la calle?

Neftalí estaba poseído por el deseo de dar algo a cambio. ¿Pero qué podría ser? ¿Qué objeto de tal categoría podría pasar al otro lado de la cerca?

Corrió a su casa, entró en su habitación y volvió a salir a la calle. Casi sin aliento, Neftalí dejó su ofrenda en la abertura que daba al mundo de aquel extraño. Oyó un suspiro de agradecimiento y vio cómo las manos se llevaban la piña.

Neftalí miró por el agujero pero no pudo ver a nadie. Sólo alcanzó a oír los pasos que se alejaban y subían por unas escaleras de madera, y el golpe de una puerta inflada de humedad cerrándose a continuación. ¿Sería un niño tímido? ¿Esperaba él o ella que Neftalí fuera el primero en saludar?

Neftalí corrió al jardín con la oveja en sus brazos y se quedó mirando la puerta vecina, oculto tras un tupido arbusto. Nadie entró ni salió. Se quedó esperando sin dejar de acariciar la oveja. Pero nadie salió.

Finalmente, cruzó hasta el jardín vecino. Poco a poco, pasito a pasito, subió por las endebles y desiguales escaleras de madera. Tenía la boca seca. ¿Sería capaz de hablar sin tartamudear? Tenía las manos sudorosas y sintió que su ropa se le había quedado pequeña de repente. Dudó. ¿Y si ese niño fuera como Guillermo? Neftalí se dijo a sí mismo que alguien tan generoso no podría ser tan cruel. Extendió la mano y llamó a la puerta. Nada más tocarla, la puerta se abrió.

Dio unos pasitos hacia dentro.

Sobre el piso vacío había sólo cajas viejas, telarañas y alguna cagarruta de animal. A medida que avanzaba por la casa abandonada, el eco de sus propios pasos resonaba en el espacio vacío.

El regalo podría proceder de cualquier persona del mundo entero.

¿Qué crece en la oscura tierra del
desencanto?

Con el paso de las estaciones, la oveja se convirtió en la fiel compañera de Neftalí. En otoño escondía la cabeza en su lana para protegerse de sus compañeros de clase, que lo perseguían y le lanzaban bellotas.

Durante las lluvias invernales, Neftalí le leía a la oveja en voz alta, y juntos viajaban a mundos lejanos.

En primavera, en vez de estudiar matemáticas, soñaba despierto con ella subido a un manzano silvestre a orillas del río Cautín.

Y cuando florecía el abrasador verano y la familia se preparaba para viajar al mar, la oveja esperaba a ser empacada con los bultos de Neftalí.

Padre llevaba varias semanas hablando de "su gran plan para el verano". Neftalí también estaba entusiasmado, pero el exagerado entusiasmo de su padre había sembrado en su mente una aguda semilla de desconfianza.

Neftalí agarró la oveja y la abrazó con fuerza.

—No te preocupes, amiga. Yo te protegeré.

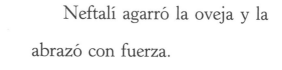

Soy la poesía,

acechando el aire,

tentando a mis presas

con peces, caracolas y cielo.

Desde lo mas recóndito

de lo profundo,

busco al corazón desprevenido.

Mira.

Mírame.

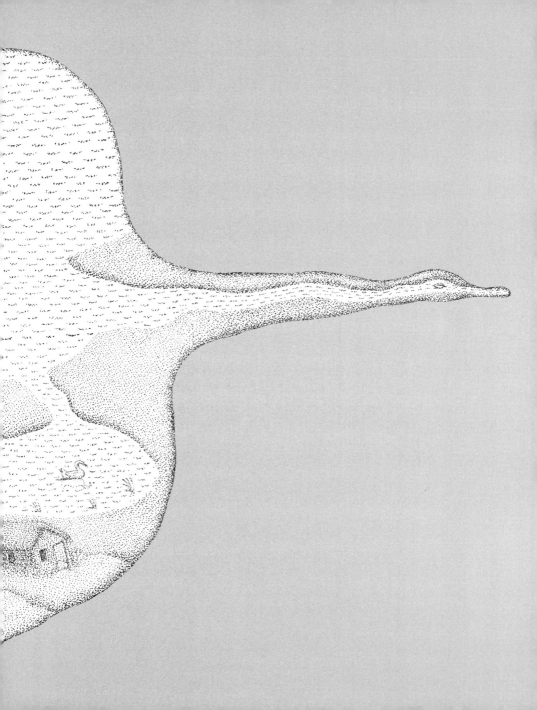

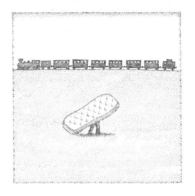

EL RÍO

NEFTALÍ Y LAURITA SE QUEDARON mirando por la ventana mientras Padre llevaba varias cajas al andén. El tío Orlando y Rodolfo iban detrás de él con un colchón.

—¿P-por qué hay que llevar platos y camas? —preguntó Neftalí a Mamadre, que estaba doblando frazadas y ordenándolas sobre el piso.

—Porque la casa de verano del amigo de

Padre no está amueblada. Así que tenemos que llevar algunos de nuestros enseres.

—¿Y por qué nos vamos en plena noche? —preguntó Laurita.

—El barco de vapor parte antes del amanecer y está muy lejos —dijo Mamadre—. Primero tenemos que ir en tren hasta Carahue. Luego tenemos que cargar todas nuestras cosas en un carro tirado por bueyes que nos llevará hasta el muelle. Y de allí, subiremos a un barco de vapor con una rueda muy grande que nos llevará por el río hasta el océano, hasta Puerto Saavedra.

—Pero mis colecciones, mis libros...

—Nadie los va a tocar, Neftalí —interrumpió

Mamadre—. Estarán aquí aguardándote hasta nuestro regreso. Si quieres puedes llevar algunos libros por si llueve algún día. Pero Padre no quiere que te encierres.

—P-para ponerme robusto como Rodolfo —asintió Neftalí—. Ojalá él también pudiera venir. ¿No le pueden dar vacaciones en la ferretería?

—No lleva suficiente tiempo trabajando allí —dijo Mamadre—. Y a Padre le ha costado mucho conseguirle ese puesto.

—Pero él no conoce el mar.

—Claro que sí —dijo Mamadre—. Lo que pasa es que tú no te acuerdas. Padre lo llevó un verano, cuando tú y Laurita eran muy pequeños.

—Si Rodolfo no viene, entonces habrá sitio para tío Orlando —propuso Neftalí.

—Tío Orlando está muy ocupado con *La mañana*. Dentro de varias semanas, el periódico va a patrocinar una feria de artesanía mapuche. Ya le he dado dinero para que compre una frazada. No te preocupes. Laurita y tú se tendrán el uno al otro. Además... espero que el descanso le haga bien a tu padre.

—Y si los colchones se quedan en el tren, ¿dónde dormiremos nosotros? —dijo Laurita mientras Rodolfo llevaba otro al andén.

—Les he preparado una camita para los dos —dijo Mamadre mostrándoles las frazadas—. Cuando llegue la hora de partir vendré por ustedes.

Mamadre los acomodó en la cama improvisada y se marchó.

—Neftalí, estoy asustada —susurró Laurita.

—¿De qué?

—Del agua. Rodolfo dice que por nada del mundo debo ir a lo hondo, o de lo contrario, el océano me engullirá de un trago y desapareceré para siempre.

—No te preocupes. Podemos mirarlo simplemente. No tenemos por qué mojarnos. Ahora vete a dormir —le dijo a Laurita inclinándose sobre ella y apretándole la mano.

Medianoche llegó mucho antes de lo que Neftalí esperaba. Cuando Mamadre lo despertó sintió mucho frío y se sintió desorientado. Con una frazada sobre los hombros, Neftalí y Laurita caminaron torpemente hacia el tren, que iba cargado con todos los enseres de la casa. Nada más sentarse en el tren, Laurita se quedó profundamente dormida. A Neftalí, sin embargo, lo mantenían en velo el nerviosismo y la anticipación. ¿Sería el océano tan grande como imaginaba? ¿A qué olería? ¿Sería tan tranquilo como el agua del baño o tendría razón Rodolfo y podría engullirlo a uno en un instante? Ahora Neftalí recordaba el día en que fue al bosque con su padre y creyó que podría ser diferente, pero resultó ser igual. ¿Qué pasaría en el océano? ¿Cambiaría a Padre el aire salado?

El tren recorrió túneles y surcó puentes a través del paisaje araucano. Neftalí vio, a la luz de la luna, los campos llanos de Labranza bajo la sombra del Llaima, el volcán. Distinguió la silueta de las ruinas de una fortaleza española cerca de Boroa y la alta estepa y los escarpados acantilados de Ranquilco.

Al llegar al río Imperial hicieron trasbordo a un barco de vapor. Neftalí y Laurita se acurrucaron en un banco de madera entre Mamadre y Padre. Lo único que podía ver Neftalí era el almohadón de niebla que los envolvía. Pero con el transcurso de las horas y el despuntar del alba, la niebla se fue convirtiendo en una fina bruma que se alzaba poco a poco hasta descubrir el mundo.

Varios indígenas mapuche iban sentados muy

juntos en la proa, las cabezas cubiertas de pañuelos coloridos y los cuerpos inmóviles bajo los ponchos de lana.

Las palabras de tío Orlando se reproducían solas en la mente de Neftalí. "Los mapuches han vivido en esta tierra durante siglos. ¿Por qué iban a marcharse de aquí?"

¿Estarían forzando a esta familia a irse más y más lejos de todo lo que habían conocido?

Neftalí se levantó y se acercó a la proa del barco. Por alguna razón misteriosa se sintió atraído por los llamativos ponchos y por los mapuches: por su silencio. Un muchacho mapuche con los ojos, la piel y su larga melena de color ámbar levantó la mirada y saludó en silencio a Neftalí. Él le devolvió el saludo. Buscó el extremo de la proa y miró a lo lejos tan quieto como los demás.

Poco después, el chico se puso a su lado y, asintiendo con la cabeza, le dijo:

—*Mari-Mari*.

Neftalí no reconoció esas palabras. ¿Lo estaría saludando? Neftalí extendió ambas manos con las palmas hacia arriba y se encogió de hombros. El muchacho sonrió, repitió el gesto y miró hacia adelante mientras el barco avanzaba empujado por la corriente.

Luego, alzó la mano y la pasó lentamente por el cielo, que iba tornándose gris con el amanecer.

Neftalí asintió, juntó las manos y luego las fue

separando centímetro a centímetro hasta abrir totalmente sus brazos, tratando de representar cómo se ensanchaba el horizonte del río a medida que se acercaban a su desembocadura.

El muchacho le indicó que comprendía y se tocó una oreja. Luego hurgó dentro de su poncho, sacó una armónica y se puso a tocar.

Neftalí sentía el aliento del río debajo de él mientras escuchaba la demorada y lánguida melodía. Su corazón estaba colmado de la belleza y la paz que lo envolvían. Sintió estar en el umbral de algo magnífico. ¿Lo estaría sintiendo también el muchacho mapuche? Neftalí lo miró con una sonrisa.

El muchacho apartó la armónica de sus labios,

le sonrió y siguió tocando.

Las palas del barco de vapor devolvían al río el agua que levantaban mientras las leves olas fluviales lamían los flancos del navío. El viejo barco crujía y avanzaba con un sonido de lamento. Neftalí se acercó un poco más a su nuevo amigo.

Cuando sus hombros se tocaron, el barco se elevó sobre la tierra sin más pasajeros que ellos dos elevándose hacia el cielo, navegando sobre un mar de blancas nubes. El muchacho era el mascarón de proa que marcaba el rumbo con la mirada. Neftalí era la rueda de palas que impulsaba a ambos como si fueran un único y ancestral espíritu.

Neftalí parpadeó para contener las lágrimas.

En el más grande de los mundos,

¿qué aventuras aguardan

a los barcos más pequeños?

El barco de vapor atracó en Puerto Saavedra bajo el sol ardiente de la mañana. Neftalí se asomó por un lado para ver cómo los marineros de tierra amarraban el barco. Cuando se dio media vuelta, el muchacho mapuche había desaparecido. Sin él, entre aquella multitud de pasajeros preparándose para desembarcar, Neftalí se sintió solo. Corrió a encontrarse con Mamadre, Padre y Laurita.

Al desembarcar por el tablón, Mamadre lo guió hacia una carreta que los esperaba en un camino próximo. Padre cargó la carreta con sus pertenencias mientras Neftalí buscaba al muchacho mapuche que había desaparecido entre la muchedumbre.

Neftalí escudriñaba con la mirada al gentío que

bajaba del barco, esforzándose por hallar a su amigo. No logró verlo hasta que ya estuvo acomodado en la carreta, cargada y lista para partir. El chico, que iba de la mano de uno de sus familiares, caminaba en sentido opuesto.

Padre agitó las riendas y la carreta avanzó. Neftalí se dio la vuelta deseando poder compartir un último gesto.

¿Acaso el muchacho no quiso despedirse? ¿No sintió él aquella cercanía? ¿Se molestó siquiera en buscar a Neftalí?

Al fin, cuando el grupo de mapuches estaba a punto de perderse de vista, vio al niño apartarse de quienes lo guiaban, girarse y buscar entre la muchedumbre del puerto.

Neftalí movió el brazo frenéticamente.

Y el muchacho respondió.

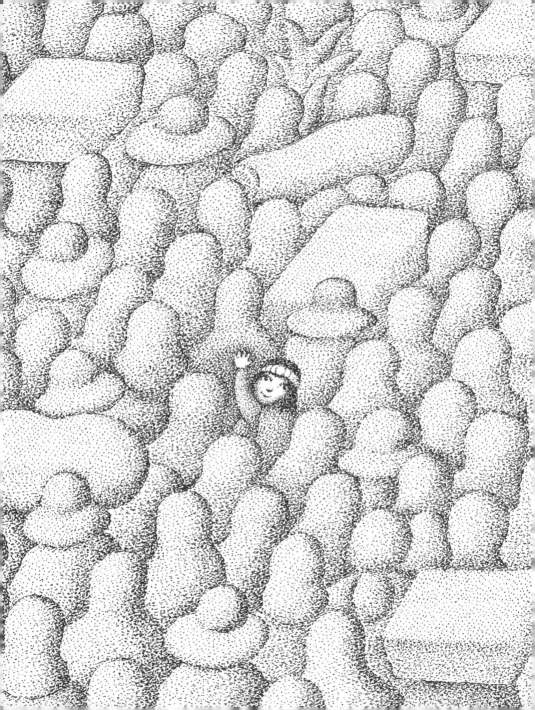

EL MAR

EL CABALLO ARRASTRÓ LENTAMENTE LA CARRETA cuesta arriba por un camino de tierra y se detuvo ante varias casas de tejados rojos que bordeaban el río. Padre señaló una de ellas y ayudó a Mamadre a apearse de la carreta.

—¿Y el mar? —preguntó Laurita.

—Muy cerca. Estamos cerca de la desembocadura del río al mar. —Padre apuntó a una colina que se alzaba por detrás de las casas—. Al otro lado se extiende el gran Pacífico. Escuchen.

Neftalí escuchó un rumor profundo que se encendía y se apagaba como el ronquido de un gigante.

—¿Podemos ir a verlo? —preguntó.

—Ahora sólo desde la colina —dijo Padre mientras ponía a Laurita en el suelo—. Tenemos que descargar la carreta entre todos.

Neftalí dejó las casas atrás y subió la colina a toda prisa seguido de Laurita. Una vez en la cima se detuvieron entre los acantilados de Huilque y Maule.

Neftalí se quedó sin aliento al ver los infinitos colores y la tenue curvatura del horizonte marino.

Jamás imaginó lo alto que podría subir la espuma de las olas al chocar contra las rocas, ni la oscura arena, ni aquella brisa que susurraba secretos de salitre y peces. Se quedó ahí cautivado, sintiéndose pequeño e insignificante y, al mismo tiempo, como si formara parte de aquella enormidad. Laurita se inclinó hacia el costado de Neftalí con el pelo agitado por el viento.

Al oír el silbato volvieron corriendo cuesta abajo.

Padre se golpeó el pecho sentado en la carreta.

—El aire marino es tonificante, ¿eh?

Los niños asintieron.

Mamadre les pasó a los niños cajas para llevar y ellos corrieron a toda prisa para ver quién sería el primero en llegar a la casa.

De vuelta a la carreta se cruzaron con Padre, que cargaba él solo un colchón con la fuerza de tres hombres.

Neftalí se detuvo y agarró a su hermana del brazo.

—¿Lo oíste silbar una melodía?

—A lo mejor, pero no estoy segura —dijo Laurita.

Pero Neftalí estaba seguro de haberla oído. Y sonrió.

A media mañana, ya habían montado su nuevo hogar. Antes de que Neftalí y Laurita pudieran rogarle a su padre que los llevara al mar, Padre fue a buscarlos.

—Pónganse los trajes de baño, nos vamos a la playa. Tenemos mucho que hacer allí.

Neftalí agarró a su hermana de la mano y dio saltos de alegría. Realmente tenía mucho que hacer allí: construir castillos de arena y buscar caracolas y palos arrastrados por la corriente.

Mamadre sonrió y los acompañó al dormitorio. Neftalí se puso el traje de baño con una alegría incontenible. Al parecer, este lugar empezaba a sacar lo mejor de Padre. Quizá este sitio fuera el adecuado para compartir sus descubrimientos con él. Quizá aquí sí lo escuchara.

De camino a la playa, Neftalí se adelantó a la familia y miró hacia atrás. Mamadre se soltó el moño. Con la melena suelta y agitada por el viento parecía una niña pequeña. Padre se arremangó los pantalones para andar descalzo por la arena. Llevaba varias mantas en un brazo y una cesta colgada del otro. Laurita corría en círculos a su alrededor sin temor aparente a ser regañada. ¿Era esta la misma familia con la que vivía en Temuco?

Neftalí corrió hacia ellos y tomó a Mamadre de la mano. Padre volvió a silbar y Neftalí lo imitó.

El sonido del mar crecía a cada paso y no tardó en eclipsar los silbidos de Padre y el suyo propio. Aquel lejano rumor que se percibía desde lo alto de la colina se había transformado en un monótono y ensordecedor bramido.

POUM

Suaaaa

Cisssss

POUM

Suaaaa

CISS

Suaaaa

Cisssss

Suaaaa

Cisssss

POUM

Suaaaa

Cisssss

Mientras Mamadre preparaba el almuerzo, Neftalí se quedó absorto ante el mar como si formara parte de una enorme audiencia que admiraba el espectáculo que tenía lugar en un gran escenario. Gozaba viendo las reverencias de las olas al romper. Gozaba observando la danza indecisa de la espuma, que no sabía si quedarse o marcharse.

Sintió a Laurita tirándole del brazo.

—Mira, esa piedra parece un gato tricolor —dijo mientras se agachaba a recogerla.

Neftalí se precipitó hasta la orilla.

—¡Mira, Laurita! Una ma-madriguera de m-molusco. Y un esqueleto de pájaro pequeñito, como el del almanaque de la escuela.

Corrió hacia él.

—¿A ver?

Examinaron sus respectivos descubrimientos. Luego Laurita corrió a una charca mareal que vio junto a unas rocas.

—¿Qué es esto, Neftalí? —le dijo mostrándole una maraña de sedal con algo plateado dentro.

—T-tíralo, Laurita. Es p–peligroso. Es un aparejo de una caña de pescar. Rodolfo m-me enseñó uno igual en el río. Dentro tiene un anzuelo afilado que te puede hacer s-sangrar con sólo tocarlo.

La niña lo escuchó con los ojos como platos. Luego depositó el aparejo en una roca y corrió a recoger caracolas.

Neftalí se quedó mirando aquella extensión de arena limpia y húmeda. Recogió un palo del suelo y empezó a escribir su nombre. Pero no se conformó con poner sólo su nombre. Puso Laurita, Mamadre, Padre, Rodolfo, tío Orlan...

"¡Neftalí! ¡Neftalí! ¡Neftalí! ¡Neftalí!"

Cuando finalmente miró hacia arriba vio a su padre con las manos en las caderas. Su hermana, obediente, estaba junto a él. ¿Cuánto tiempo llevaba llamándolo Padre? Neftalí dejó caer el palo.

—¿Tienes la mente tan perdida que ni siquiera me oyes cuando estoy a tu lado? Tienes que prestar atención.

Neftalí bajó la mirada.

—Sí, Padre, es que estaba practicando mi escritura.

Padre ni siquiera echó un vistazo a las palabras escritas en la arena.

—Vengan conmigo. Tenemos cosas que hacer —dijo caminando con paso firme hacia el mar.

—¿A qué cosas se refiere? —preguntó Neftalí a Laurita mientras avanzaban detrás de su padre.

Su hermana se encogió de hombros.

Padre se detuvo antes de mojarse los pies en el agua. Se aclaró la garganta como si se dispusiera a pronunciar un discurso.

—Este verano aprenderán a hacer algo importante. El mar les fortalecerá los músculos de las piernas. Y cuando estén en el agua no podrán pensar en otra cosa. Estarán centrados. Eso es exactamente lo que necesitas, Neftalí. Y, Laurita, tú vas en camino de acabar como tu hermano. Con un poco de suerte, el ejercicio les despertará el apetito y los hará más fuertes. Vamos, al agua. Los dos.

Neftalí se quedó observando la inmensidad del mar. Miró a la pobre Laurita, que en su inocencia seguía recogiendo conchas de la orilla. ¿Pretendería Padre realmente que los dos entrasen al mar solos, sin él? Hasta las olas más pequeñas rompían con bravura y, un poco más adentro, el oleaje se elevaba sobre sus cabezas.

Neftalí miró a su padre.

—N-n-n-no.

Padre sonrió frotándose las manos.

Neftalí empezó a sentirse enfermo. Así que éste era su gran plan.

—Haremos esto todos los días —dijo Padre—. Los hará fuertes. Y si no se adentran lo suficiente, los obligaré a quedarse más tiempo en el agua. Vamos, al agua y naden hasta que toque mi silbato —dijo con severidad—. ¡Ahora!

Neftalí tomó a su hermana de la mano con indecisión. Rodolfo le había enseñado a nadar en las pozas del río que corría junto a su casa, pero el mar era mucho más fiero. Y Laurita no era más que una principiante. Neftalí la agarró de la mano y la mantuvo con firmeza a su lado mientras caminaba hacia las olas. Cada varios pasos se daba la vuelta para mirar a Mamadre, rogándole con los ojos que intercediera por ellos. En una ocasión cruzaron sus miradas, pero ella agachó la cabeza rápidamente y pretendió estar atareada desempacando el almuerzo. ¿Habría sabido desde el principio cuáles eran las intenciones de Padre?

Neftalí y Laurita avanzaban pasito a pasito, estremeciéndose y temblando, hacia el poderoso océano.

A cada paso Laurita se aferraba con más y más fuerza al brazo de Neftalí. Cuando las primeras olitas les tocaron los tobillos, gritaron de frío. Neftalí se giró hacia Padre, rogándole con los ojos que lo dejara regresar a la seguridad de la playa.

Padre se limitaba a sonreír y aplaudir.

Neftalí sabía que no tenía otra opción. Dio unos pasitos más tirando de Laurita. El agua sólo les llegaba a las rodillas. Pero el mar se le antojaba un monstruo que se esforzaba en tragárselo con la fuerza de la corriente. ¿Cómo lo sabía Rodolfo? ¿Habría tenido él que sobrevivir a aquellas olas? ¿Se los tragaría de golpe y los arrastraría hasta la muerte?

Las olas les golpearon los muslos y derribaron a Laurita.

Neftalí le agarró la mano y gritó:

—¡Agárrate f-f-fuerte!

Una ola rompió sobre sus pechos. Laurita se hundió en las oscuras aguas. Neftalí tiró de ella con

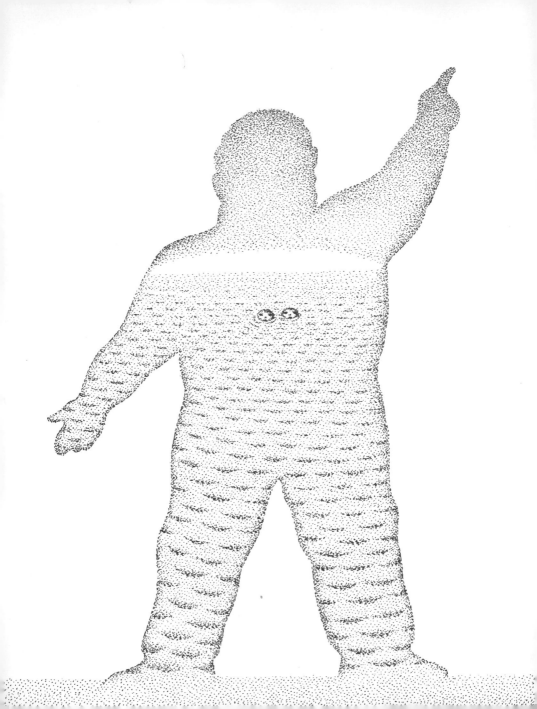

fuerza. La niña tragó agua, tosió y empezó a llorar.

Neftalí miró hacia Padre. Seguramente, ahora sí los dejaría regresar. Pero Padre señaló con determinación al agua, quería que volvieran a las olas.

Neftalí buscó a Mamadre en la orilla. Ahora estaba de pie observándolos mientras agarraba una toalla con expresión de preocupación en el rostro. ¿Por qué no les decía que volvieran? ¿Por qué no gritaba, "¡Basta, no más!"?

Neftalí se quedó mirando otra ola; era tan alta que al llegar, lo arrastró a lo hondo. Le entró agua salada por la nariz. Trató de abrir los ojos bajo el agua, pero lo único que veía eran las pálidas burbujas. Sintió la manita de Laura que trataba de aferrarse a él. Cuando los pies de Neftalí dieron con la arena, dio un brinco y salió a la superficie tosiendo. Agarró el brazo de Laurita, tiró de ella y la alzó en brazos.

Aunque Neftalí no había oído la señal de Padre, se dio media vuelta y caminó con dificultad hacia la orilla sujetando a Laurita, que lloraba histéricamente y se aferraba a su pecho como un gatito asustado.

Mamadre llegó corriendo y se la llevó en brazos.

Padre levantó los brazos y sacudió la cabeza.

—Mañana se quedarán más tiempo.

Neftalí no dijo ni media palabra. Se envolvió en una manta y caminó con decisión hacia la casa.

—¡Neftalí! —exclamó Mamadre.

No respondió. Siguió caminando rápido, pero no lo suficiente para no oír lo que dijo Padre:

—Que se vaya. Trepar las dunas lo hará más fuerte.

Neftalí miró hacia atrás. Padre se quedó con los brazos cruzados mientras Mamadre consolaba a Laurita.

Neftalí siguió alejándose. ¿Acaso no estaba bien así? ¿Cómo iba a hacerlo más fuerte el terror diario de entrar al mar? ¿Qué hacía a Padre ser tan cruel? ¿Y por qué no hacía nada Mamadre para detenerlo?

Neftalí atravesó las dunas enfurecido. Sentía crecer una fiereza profunda en su interior. ¿De dónde venía ese sentimiento? ¿Se lo habría contagiado el mar?

¿Qué queda en el anzuelo

cuando se desmaraña el sedal?

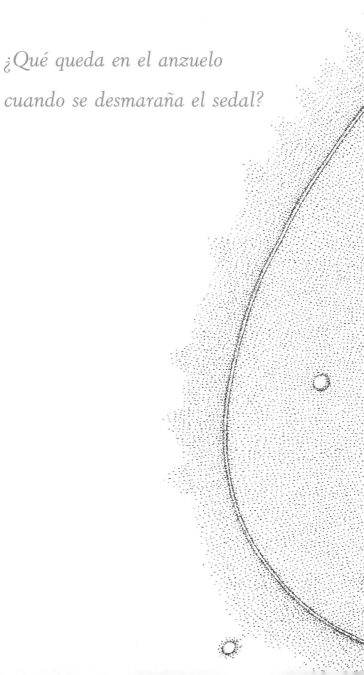

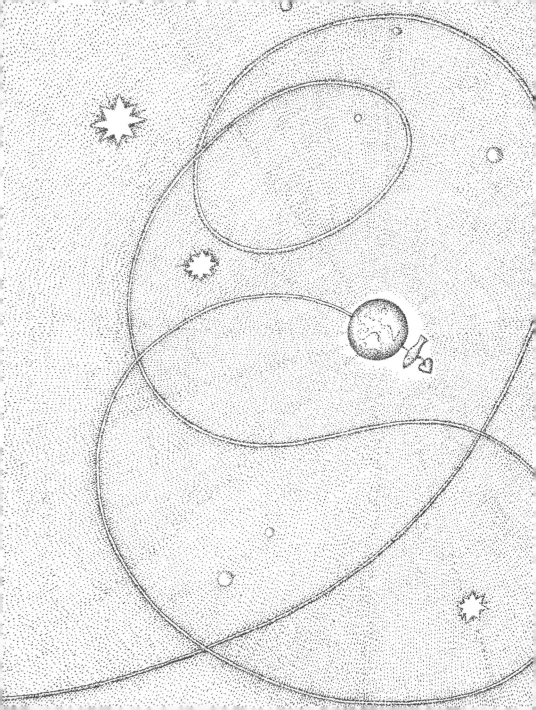

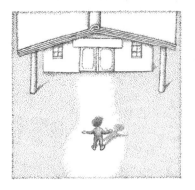

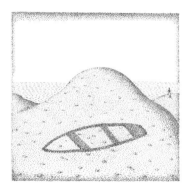

LA LAGUNA

NEFTALÍ SE PASÓ UNA SEMANA despertándose con la misma pesadilla: Laurita se ahogaba y él no la podía salvar porque también se estaba ahogando. Aquella horrible visión lo perseguía incluso despierto, mientras desayunaba, mientras se ponía el traje de baño y mientras se dirigía a la playa. Neftalí se preguntaba si los bañistas que los veían pasar cada mañana se quedarían extrañados ante aquel singular desfile: un señor que silbaba alegremente, seguido de un muchacho taciturno, una niña llorando y una sumisa mujer que caminaba a paso marcial, como si no pasara nada.

Neftalí vivía en una nube de resentimiento que le impedía hablar con Mamadre o Padre excepto cuando le hacían preguntas directas. También despertó en él la obstinación. En cuanto terminaba su tortuosa sesión de nado en el mar, Neftalí regresaba a casa, se cambiaba y se iba por ahí. Estaba decidido a hacer lo que le diera la gana.

Se dedicaba a soñar despierto en un acantilado mirando al mar.

Decidió ser el flamenco que se elevaba sobre una marisma como una cometa gigante; la gaviota desterrada; el cisne cuyo grácil cuerpo parecía deslizarse sobre un espejo.

Cuando acababa de soñar, se dedicaba a leer con el propósito de terminar todos los libros que había traído desde su casa en Temuco. Como tenía todo el verano por delante, tendría que apañárselas para encontrar más.

Una tarde se acercó al pequeño pueblo y le preguntó al tendero dónde podría encontrar la biblioteca. El tendero le indicó hacia una senda que acababa en una casa. Convencido de que el tendero no lo había comprendido, Neftalí le preguntó a una señora que pasaba por la calle. La señora le sonrió y señaló la misma casa.

Neftalí se plantó ante la puerta preguntándose cómo era posible que la biblioteca estuviera en la casa de una persona. Al abrir la puerta de la cerca sonó una campanilla atada al picaporte.

Un hombrecito, que de viejo que era podría ser abuelo de Neftalí, bajó por las escaleras.

—¡Adelante! ¡Adelante! —dijo.

Aquel señor de ojos alegres tenía barba como Padre, aunque la suya era mucho más gris. Llevó a Neftalí hasta una pequeña sala con el piso cubierto de serrín.

—Soy Augusto, el bibliotecario —le dijo.

—Yo soy Neftalí —le respondió extendiéndole la mano—. Estoy aquí de p-paso, por el verano.

Augusto le tomó la mano entre las suyas.

—No importa —le dijo—. Cualquier momento es oportuno para leer un libro, ¿no te parece?

Neftalí asintió con la cabeza.

Augusto lo llevó hacia los endebles estantes.

—¿Qué te interesa? ¿Te gusta el misterio? ¿O prefieres la sinfonía del lenguaje?

Neftalí sonrió y asintió a las dos preguntas.

—¿Has leído ya a Julio Verne?

Neftalí asintió de nuevo.

—S-sí, pero volvería a leerlo.

—¿Y conoces al personaje Búfalo Bill? —preguntó Augusto.

—Sí —respondió Neftalí con el rostro iluminado—. Fue un gran jinete, pero no me gustó cómo trataba a los indígenas.

—Ah... debes ser un lector muy sensible y con cierta debilidad por las aventuras... —dijo Augusto acercándose a una pared de libros. Sacó dos volúmenes. Uno parecía ser para un lector mucho más joven que Neftalí y el otro para alguien mucho mayor.

—Nunca es demasiado tarde para éste —dijo Augusto, entregándole un libro ilustrado sobre mitos griegos. Luego le mostró *Estudio en escarlata* de Arthur Conan Doyle—. Y nunca es demasiado temprano para éste.

La campana de la puerta anunció la llegada de otro cliente.

—¡Adelante! ¡Adelante! —dijo Augusto dejando a Neftalí con los libros.

Neftalí acarició las tapas con las yemas de los dedos. Escudriñó la estancia, que resultaba acogedora a pesar de estar atestada de cosas. No le importaba estar desaprovechando el buen tiempo. No le importaba que la lectura no fortaleciera sus piernas. No le importaba que aquel pasatiempo no le despertara el apetito.

Se acurrucó en una silla y se pasó toda la tarde leyendo. Y habría estado hasta la noche de no ser por el sol, que en su descenso, le avisó con un rayo que debía regresar a la casa de verano.

Volvió a poner los libros en su sitio y se detuvo ante una estantería leyendo repetidamente los nombres de los autores:

Hugo

Cervantes

Conan Doyle

Baudelaire

Verne

Tolstoy

Ibsen

Apollinaire

Augusto se levantó de la mesa donde había estado leyendo y se acercó a Neftalí.

—¿Pasa algo, joven? ¿A qué viene tanta tristeza?

Neftalí suspiró.

—Jamás podré leer todos estos libros en un verano.

Augusto dejó escapar una carcajada.

—Siempre hay tiempo para aquello que merece realmente la pena. Si no terminas este verano, puedes seguir el siguiente.

Sacó cuatro libros de un estante y se los pasó.

—Sólo abro dos tardes a la semana —dijo—. Espero que estos te tengan ocupado hasta la próxima ocasión.

Neftalí miró los libros y sonrió.

—Lo siento, pero no me los puedo llevar. A mi padre no le g-gusta que lea durante el día. Y cuando cae el sol hay poca luz en la casa.

—Ah, comprendo —dijo Augusto—. Mi padre pensaba de manera parecida.

El bibliotecario se acercó a una ventana y se asomó. Luego miró a Neftalí y alzó un dedo.

—Lo que tú necesitas es un escondite.

La cara de Neftalí se iluminó.

Augusto le indicó con un gesto que se acercara a la ventana. Señaló hacia fuera, a un camino flanqueado por árboles.

—A un kilómetro de aquí hay una cabaña abandonada que te podría servir —le dijo entregándole los cuatro libros.

—Pero ¿y si alguien va? —dijo Neftalí.

Aunque no había nadie en la estancia, Augusto escondió la boca entre sus manos, como si fuera a contarle un secreto.

—La casa es mía. Pero ya no la uso. Ahora vivo aquí con mis vecinos que viven dentro de estas páginas —dijo extendiendo la mano hacia los estantes.

Neftalí se mordió un labio mientras meditaba la propuesta. Finalmente asintió y aceptó los libros.

—Gracias.

Al salir corriendo de la casa hizo sonar la campanilla de la puerta. Mientras se alejaba por el camino giró para saludar a Augusto, que sonreía satisfecho desde la ventana.

Los árboles acabaron dando paso a un prado

de hierba alta; la hierba alta a piedra suelta; y la piedra suelta a dunas bajas. Finalmente, Neftalí llegó a un camino de tierra que descendía hasta una cabaña blanca abandonada y cubierta de madreselvas. Corrió por la senda y llegó al porche casi sin aliento.

—¡Un escondite!

Aunque las puertas y ventanas estaban selladas con tablones, el porche cubierto era muy profundo. Junto a la puerta había una caja de madera alargada pegada a la pared. Levantó la cubierta y halló algunos viejos cubos y útiles de jardinería. Ahí dentro los libros estarían a buen resguardo. Augusto tenía razón. El lugar era perfecto.

Caminó alrededor de la cabaña. En la parte de

atrás había un macizo de amapolas blancas, moradas, negras, naranjas y rojas como la sangre que florecían en medio del jardín abandonado. Entre las amapolas yacía una barca de remos hecha pedazos. Neftalí corrió hacia el navío varado, alzó los brazos y saltó triunfante tomando posesión de su hallazgo. ¿Cómo podría producir tanta alegría un pequeño pedacito de tierra?

Al otro lado del jardín, vio un angosto sendero que apuntaba hacia una laguna. Neftalí corrió hacia el agua y vio deslizarse dos cisnes de cuello negro hacia el centro. Al acercarse, dieron media vuelta y se aproximaron hacia él extendiendo sus elegantes cuellos y abriendo el pico con anticipación.

—Ya veo, señores cisnes... alguien los ha tenido

de mascota, ¿no? Y esperan que les dé algo de comer.

Los cisnes respondieron con sonido de trompeta estropeada.

—Mañana —prometió—. Volveré mañana, de eso pueden estar seguros.

Con el sol apuntando al horizonte, Neftalí corrió hacia la casa de verano. Corría bajo la luz del ocaso sin dejar de pensar.

Mis libros. Mi cabaña. Mis cisnes.
Mis libros. Mi cabaña. Mis cisnes.

Se moría de ganas de que fuera mañana. Su gran desafío era mantener el secreto de la cabaña.

¿De qué están hechas

las paredes de un santuario?

¿Y las de una cárcel?

Al día siguiente, después de nadar, Neftalí volvió apresuradamente a la casa de verano, se vistió y trató de irse a la cabaña antes de que llegaran los demás. Corrió a la rústica cocina y se llenó los bolsillos de pan. Al salir por la puerta se encontró de bruces con Laurita. Tras ella vio a Mamadre y a Padre bajando lentamente por la colina.

—¿Por qué has regresado tan pronto? —preguntó él—. Siempre te quedas a jugar en la playa, ¿no?

—Tenía frío y quería volver a casa. ¿A dónde vas?

—A explorar por ahí —respondió Neftalí evitando su mirada.

—Quiero ir contigo —suplicó Laurita—. Porfa, aquí me aburro muchísimo. Todos los días me toca ir al mercado con Mamadre, luego tengo que echar una siesta y después tengo que jugar solita y sin hacer ruido mientras se toman el café. Y luego...

—Otro día —interrumpió Neftalí—. Ahora estoy ocupado.

Salió corriendo y mirando hacia atrás para asegurarse de que Laurita no lo seguía. Ella se quedó en el umbral de la casa con los hombros caídos, viéndolo marcharse.

El día siguiente por la tarde, fue un poco más difícil. En cuanto Neftalí se fue de la playa, Laurita lo siguió hasta la casa y se cambió de ropa al mismo tiempo que él.

—¡Neftalííííí! —exclamó ansiosa mientras el muchacho se aprovisionaba de comida en la cocina—. ¿Por qué te metes pan en los bolsillos? ¿Y qué es eso que llevas debajo de la camisa? —le preguntó levantándosela por detrás—. Es tu oveja. ¿A dónde te la llevas? ¿Adónde vas? Si me dejas ir contigo, te prometo que seré buena.

Él abrió la puerta sin hacerle caso, pero Laurita lo siguió.

Neftalí se dio la vuelta irritado.

—Laurita, ¡vuelve!

La niña frenó en seco, como si le hubieran dado una bofetada. Bajó la cabeza, se dio media vuelta y regresó a casa. Al ver sus hombros estremecidos, Neftalí supo que estaba llorando. Sintió un arrebato de culpa. Pero si se la llevaba corría el riesgo de que se le escapara el secreto y Mamadre y Padre se enteraran de la cabaña y de sus libros. No quería renunciar a ninguno de sus descubrimientos. Y tampoco quería tener la responsabilidad de cuidar a Laurita.

Cuando llegó el fin de semana, Laurita ni siquiera le pidió acompañarlo. Simplemente se quedó mirándolo con los ojos llenos de lágrimas.

~   ~   ~

Al llegar a la orilla de la laguna, vio que los cisnes lo esperaban. Les arrojó migas de pan y ellos se apresuraron a comerlas.

—Tengo un secreto que contarles. Laurita me sigue. La he visto. Pero no viene hasta la cabaña. Me sigue hasta el camino de tierra y luego se da la vuelta. Descuiden, desde allí no puede ver gran cosa. Y además no me traicionaría a propósito.

Neftalí se sentó.

—Mis sesiones de natación no mejoran. Al levantarme cada mañana se me revuelve el estómago de terror. Laurita no nada bien y temo que las voraces olas me la roben. Me encanta sentarme en la arena y mirar el mar mientras recojo lo que deja en la orilla. Pero su oscuridad no me gusta nada. Detesto no poder ver lo que hay por debajo de mí y la manera en que el mar cambia de opinión y me empuja de un lado a otro. ¿Quieren que les cuente otro secreto? Siempre creo que voy a morir.

Los cisnes se acicalaban las plumas del cuello mutuamente.

—Padre dice que me pondré más fuerte, pero no es verdad. Y cada día estoy más enojado. Siempre salgo de las olas temblando y muerto de frío. Y espero antes de cubrirme con la manta para que él vea cuánto sufro. Pero es inútil. Mamadre no le dice nada. ¡Nada! Y eso me enoja aun más. Sólo hablo cuando no me queda más remedio. Sólo me siento verdaderamente feliz cuando estoy aquí junto a ustedes.

Neftalí levantó el libro que le había prestado

Augusto el día anterior. Se tumbó en la orilla de la laguna con el libro alzado sobre la cabeza.

—Y ahora, ¿están preparados para oír un poco de Víctor Marie Hugo? Escuchen esto amigos míos:

«Siempre sentí afecto por lo alado.

De niño iba al bosque en busca de nidos,

Y enjaulados criaba pajarillos

Con el pan matinal bien desmigado:

Y aunque era frágil la puerta de mimbre

No marcharon, y regresaron los que sí,

Reconociendo de mi voz el timbre.»

Neftalí se incorporó y arrojó el pan que aún le

quedaba a la laguna.

—Les echaré las migas de mi pan matinal y espero que si algún día se marchan, también regresen cuando los llame.

Los cisnes aceptaron gustosos el obsequio y enseguida regresaron por más.

—No sean golosos —les dijo Neftalí—. Y quédense en las sombras de la orilla. Dice Augusto que en esta época del año hay cazadores que no dudarían en cazarlos si pudieran, ¿y para qué? ¿Para hacer un edredón con su plumón? ¿O para decorar un ridículo sombrero con sus largas plumas?

Neftalí observaba a los cisnes nadar juntos, como si uno fuera la sombra del otro.

—Son amigos del alma, ¿verdad? Siempre juntos. Les tengo un poco de envidia.

Se tumbó a escuchar el canto de las aves marinas, los graznidos de las gaviotas, la honda canción del cormorán y el ya familiar *chirrup chirrup* de los cisnes.

—Cisnes míos, ¿es cierto lo que dicen? ¿Cantan el canto del cisne antes de morir? No, no me respondan, y ocúltense entre las hierbas para que los cazadores no los encuentren.

Neftalí regresó a la cabaña y, sentado en el porche, contempló su museo estival: espinas, caracolas, pinzas de cangrejo, vidrio marino, nácar y su leal oveja; todos colocados en estantes improvisados con viejos tablones que encontró entre las rocas. Satisfecho de ver todo en su sitio, se recostó contra el poste del porche y siguió leyendo.

Varias semanas después, Neftalí llegó a la orilla de la laguna y llamó:

—¡Eh, amigos! ¡Ya llegué! ¿Dónde se han metido?

Arrojó unas migas de pan al agua, pero se empaparon y acabaron en el fondo de la laguna. Volvió a llamar y silbó con fuerza. Los cisnes no acudieron. La laguna estaba sumida en un extraño silencio. Hasta las gaviotas y los cormoranes habían desaparecido.

Neftalí buscó por la orilla, apartando con las manos la hierba alta. Avanzó por el perímetro del marjal tratando de convencerse a sí mismo de que los cisnes estaban a salvo. Quizá la persona que solía darles de comer había regresado. Quizá andaban mendigando comida en otra propiedad.

Decidió ir a una casa que había un poco más lejos para preguntar por los cisnes. Tomó una senda aunque no estaba seguro de a dónde lo llevaría. Fue allí donde vio el reguero de sangre. Sintió una desazón súbita. Se giró hacia un sonido de hojarasca entre los matorrales. Por los enlodados juncos vio al cisne macho que avanzaba torpemente dejando tras de sí un charco rojo. Neftalí sintió un mareo y una convulsión en el estómago, como si le fuera a estallar de repente. Sin embargo, recuperó el ánimo al oír el desesperado graznido del ave herida. Neftalí se acercó y buscó frenéticamente a su pareja, que no aparecía por ninguna parte.

Se acercó a la enorme ave y la levantó con delicadeza sin que opusiera la menor resistencia. Neftalí la llevó con gran esfuerzo hasta la cabaña. Le costó tanto porque arrastraba el peso de su propio corazón. Dejó al cisne en el porche y fue por agua del estanque con un cubo que recogió del trastero. Luego detuvo la hemorragia con la punta de su camisa.

—¡Cisne mío! ¡Cisne mío! Quien te haya hecho esto es un bárbaro —exclamó Neftalí acariciando el cuello largo del ave—. La mataron, ¿verdad?

Se recostó delicadamente sobre el lomo del ave.

—Si no comes, morirás —le dijo sacándose unas migas de pan del bolsillo y metiéndoselas con mucho cuidado entre las palas anaranjadas de su pico.

La tarde avanzaba y Neftalí no soportaba la idea de dejar al cisne solo. Pero si no llegaba a casa a tiempo, no quería ni pensar lo que Padre podría hacerle o prohibirle hacer... Se quedó con el animal hasta que el sol se redujo a un punto en el horizonte y corrió a la casa de veraneo.

Al llegar vio a Laurita jugando fuera. Ella se detuvo y se quedó mirándolo con los ojos entornados.

—¿Qué te pasó? —le dijo señalándole el pecho—. ¿Estás herido?

Neftalí miró hacia abajo. Tenía la camisa cubierta de sangre.

—No, no, estoy bien —dijo mirando frenéticamente hacia todas direcciones—. ¿Y Mamadre y Padre?

—Dentro, pero... —Laurita no dejaba de señalarle la camisa ensangrentada.

—Laurita, la sangre no es mía, es de un cisne. Necesito que me ayudes.

—¿Que te ayude a qué?

—¿Puedes entrar en casa rápidamente y traerme una camisa limpia?

La niña asintió con la cabeza.

—No les menciones la sangre a Mamadre ni a Padre.

Laurita titubeó.

—No les diré nada, pero... sólo si me llevas

contigo mañana.

Neftalí se pasó los dedos por el pelo.

—Tendré que pedir permiso y Padre podría prohibírtelo.

—Pero si se lo preguntas de buena manera...

Neftalí suspiró.

—De acuerdo, pues. Y ahora apresúrate.

Se quedó esperando mientras su hermana corría hacia la casa. Unos minutos después, ella volvió con una camisa limpia. Neftalí se quitó la camisa ensangrentada, la ocultó en un tupido arbusto y se vistió.

Al entrar en la casa, Mamadre les salió al paso.

—Vamos a cenar enseguida —dijo Mamadre.

—Lávense las manos —dijo Padre.

Laurita y Neftalí se lavaron las manos en el lavabo como si nada hubiera pasado. Laurita cruzó una mirada cómplice con su hermano y sonrió.

—Gracias —susurró el muchacho deseando que Laurita siguiera apoyándolo y que no acabara siendo una chismosa.

~   ~   ~

A la mañana siguiente, nada más salir de entre las olas, Neftalí agarró a su hermana de la mano y se plantó ante Padre y Mamadre.

—¿Puede venir hoy Laurita conmigo? Quiere ver un nido de flamenco que he descubierto. Pr-pro-meto cuidar bien de ella.

—Tenla siempre cerca —dijo Padre—. Y no

te demores tanto en volver. Ayer llegaste demasiado tarde. No quisiera tener que ir a buscarlos.

Neftalí prometió recordar que debían volver mucho antes de que se pusiera el sol. Agarró a su hermanita de la mano y caminaron colina arriba. Tras perder de vista a sus padres, Laurita le soltó la mano y empezó a saltar de alegría.

—Cálmate, Laurita, y escúchame bien. En cuanto lleguemos a casa, cámbiate de ropa y busca unos trapos y una frazada. Yo iré por pan a la cocina.

—¿Para qué los quieres?

Te lo explicaré todo cuando estemos en camino. Ahora debemos darnos prisa.

~ ~ ~

Mientras avanzaban por el camino hacia la cabaña, Neftalí le contó todo a su hermana: le habló de Augusto, del escondite, de la laguna, de los cisnes y de los cazadores. Y cada varios segundos hacía una pausa para recordarle a su hermana que no debía contárselo a nadie. Y cada vez que lo decía, Laurita asentía muy seria.

Antes siquiera de llegar al porche o de ver al cisne, Laurita se llevó las manos a la cabeza y dijo:

—¡Pobrecito! ¡Pobrecito!

Neftalí halló al cisne tal y como lo había dejado: tumbado y con los ojos cerrados.

—¿No está muerto, verdad? —dijo Laurita inclinada sobre el animal.

—No, está dormido —contestó Neftalí acariciándole el cuello.

Al sentir la mano del muchacho, el cisne abrió los ojos y tembló con un escalofrío repentino. Luego trató de levantarse sin conseguirlo.

—No te asustes, cisne mío —le dijo Neftalí con voz queda—. Esta es mi hermana Laurita. Dentro de unos días te sentirás mejor y podrás regresar al agua. Te lo prometo. Pero por ahora debes descansar.

Neftalí miró a Laurita, que, a su vez, miraba al cisne con ojos grandes y solemnes, y le indicó con un gesto que recogiera el cubo.

—Trae agua de la laguna para lavarlo. Luego, antes de marcharnos, lo llenaremos de agua dulce para que beba.

Laurita se marchó y regresó con el cubo lleno en un santiamén.

Mientras Neftalí le lavaba la sangre del cuerpo al cisne, Laurita le acariciaba la cabeza como si fuera un bebé. El ave cerró los ojos.

—No te preocupes —le dijo la niña—. Ahora estamos aquí y vamos a cuidarte, pobrecito mío.

Todos los días, durante dos semanas, Neftalí y Laurita regresaron a la cabaña para cuidar del cisne. Laurita le llevaba agua dulce y le arreglaba una y otra vez la frazada que le habían colocado a modo de nido. Neftalí le limpiaba las heridas, le daba bolitas de pan y lo animaba a levantarse y caminar a pesar de que siempre se caía tras dar unos pasitos. Y cuando al fin la herida sanó lo suficiente, Neftalí cumplió su promesa.

Levantó al ave y la llevó torpemente hacia la laguna.

Laurita lo acompañaba hecha un manojo de nervios.

—¿Estará a salvo? Despacito, Neftalí. Cuidado.

Al llegar a la laguna, Neftalí bajó al cisne hasta la misma orilla.

—¿Y ahora qué? —preguntó Laurita.

—Debemos recordarle que esta laguna es su hogar.

Neftalí se paró junto al cisne y con mucho cuidado le metió el pico en el agua. Y entonces lo soltó. El ave se mantuvo a flote unos instantes, pero de pronto se escoró y empezó a hundirse.

—¡Haz algo, Neftalí! —exclamó Laurita.

Neftalí se lanzó hacia el cisne, lo levantó en brazos y cayó con el animal abrazado contra el pecho en la orilla de la laguna.

—¿Qué le pasa, señor Cisne?

Laurita se sentó junto a ellos.

—Quizá se sienta mejor si le cuentas todo lo que ves.

Neftalí esbozó una pequeña sonrisa recordando los días en que ella le contaba lo que veía por la ventana.

—Veo gaviotas formadas en el suelo como soldados. En el agua cientos de flamencos levantan sus picos retorcidos. Ahora corren y se elevan con el viento. ¡Míralos! Parecen una sola criatura en el cielo, un ave de miles de alas. ¿Que de qué color son? Son del color de la mejilla de un bebé. Hay más. Veo agrestes acantilados imposibles de escalar. Y dos nubes en una carrera de lentitud. ¿Cuál ganará? No lo sé.

Laurita se asomó a la laguna.

—Neftalí, ¿dónde están los demás cisnes?

—Los cazadores deben haberlos matado o ahuyentado. Cuando nuestro cisne se ponga fuerte, lo llevaremos a otro lugar. Quizá al lago Budi. Allí hay muchos cisnes.

Laurita juntó las manos en gesto de súplica.

—Tiene que mejorar.

Y, sin embargo, una semana después de atenciones diarias, el cisne hizo escasos progresos. Parecía estar cada vez más débil y desganado.

El día en que se cumplieron tres semanas desde que halló al cisne herido, Neftalí se quedó esperando a Laurita en lo alto de la colina mientras la secaban después de su baño matinal. Finalmente corrió hacia él.

—Hoy no puedo ir contigo. Mamadre dice que tengo que ir a visitar a alguien que tiene una hija de mi edad, pero yo no quiero ir a jugar con una niña a quien no conozco. Quiero ir contigo.

—No te preocupes, Laurita. Un día no va a cambiar nada.

—Hay sobras de pescado de la cena. Las he

escondido en un papel junto a la puerta trasera. Quizá le guste. Pero dáselas en trocitos pequeños. Y no te olvides de llevarle agua dulce. Ah, y el nido, sacude la frazada y pónsela alrededor como hago yo. Y...

Neftalí le puso la mano en el brazo.

—Laurita, prometo hacerlo todo.

Salió corriendo mientras la niña se frotaba las manos de preocupación.

~   ~   ~

Al llegar a la cabaña, el cisne levantó la cabeza y lanzó un lastimero graznido.

—Hoy me recibe con un saludo, señor Cisne —dijo Neftalí—. Espero que sea una buena señal.

Una vez más llevó al animal al agua. Pero el

ave regresó a la orilla como si quisiera descansar. Neftalí lo alzó en brazos.

—No te preocupes, cisne mío. Mañana será otro día —dijo llevando el animal senda arriba—. Te gustará el pescado que te envía Laurita. Te hará más fuerte. Ha lamentado mucho no poder venir a verte hoy, pero estoy seguro de que mañana estará aquí. Y te traeremos más pescado. Te lo prometo. Y cuando te sientas un poco mejor, volverás a nadar por la laguna. Yo te ayudaré, ya verás.

Neftalí aminoró el paso.

—Hoy pesas más. A lo mejor estás engordando. Eso sería una buena señal.

Siguió avanzando.

—Ya estamos llegando a la cabaña. Voy a ponerte tal y como me dijo Laurita. Es una enfermera
mandona, ¿verdad?

Una bandada de gaviotas se alzó sobre ellos
hacia el cielo, haciéndose cada vez más pequeñas.

—¿A dónde irán, amigo mío? ¿Puedes decir-
me qué hacen tan lejos de la orilla?

Se levantó una ráfaga de aire frío.

La hierba marina susurró.

Neftalí dio un pasito y otro más.

—Ya casi hemos llegado...

Sintió enfriarse las plumas sobre su brazo.

—Eso es, amigo mío. Reposa la cabeza...

El sedoso cuello del cisne se desplomó. Y la

vida abandonó su cuerpo.

Neftalí siguió caminando con los brazos doloridos. Sus ojos se nublaron y derramó una lágrima. Sus piernas flaquearon.

—N-n-no. Hoy n-n-no. N-i hoy, ni ningún día tampoco —sollozó.

Llegó hasta el porche y cayó de rodillas sobre el primer escalón.

¿Cuánto tiempo había tardado en llegar a la cabaña?

¿Un minuto? ¿Un mes? ¿Un año?

~   ~   ~

Cuando aparecieron Laurita y Mamadre, casi se había puesto el sol. Mamadre lo encontró allí, meciendo a su cisne. Laurita corrió hasta él, le puso la cabeza en el hombro y empezó a llorar.

Neftalí miró a Mamadre.

—N-no es verdad. N-n-no es ve-verdad. Han ma-matado a su co-compañera. Un cazador lo golpeó. Hemos cuidado de él... P-pero hoy...

Mamadre se sentó al otro lado de Neftalí y le secó las lágrimas con la mano.

—Ya lo sé. Cuando vi que no regresabas a casa, Laurita me lo contó todo. Hiciste lo que pudiste. También debía estar herido por dentro.

—S-s-se le curaron las heridas. P-pero seguía estando triste.

Mamadre le pasó el brazo por encima del

hombro.

—Las heridas pueden ser engañosas. Quizá le doliera otra cosa. Los cisnes necesitan a otros cisnes, del mismo modo que las personas necesitamos a las personas.

Neftalí hundió la cara en las plumas del cisne.

Laurita no paraba de sollozar.

Mamadre se puso de pie y extendió su delantal sobre el piso. Luego, con una fuerza sorprendente, le quitó el cisne de los brazos, lo puso delicadamente sobre el delantal y lo envolvió.

—Mañana vendré contigo y enterraremos a tu amigo. ¿Se te ocurre algún sitio bueno?

Neftalí asintió con la cabeza.

—Entre las amapolas.

Mamadre sentó a Neftalí en su regazo y lo meció, tal y como él había mecido al cisne.

Cuando al fin abandonaron la cabaña, el sol había desaparecido. Neftalí caminó hacia casa con Laurita y Mamadre de la mano. Cuando llegaron al umbral del jardín ya casi se había hecho de noche. La silueta de Padre apareció ante la luz de la ventana.

Neftalí se quedó rígido.

—P-padre se va a enojar —dijo con voz temblorosa—. Y s-será por mi culpa.

Mamadre se puso de rodillas ante ellos. Puso una mano en el hombro de Neftalí y la otra en el de Laurita.

—Diré que Laurita y yo salimos a pasear y te encontramos; y que la laguna era tan hermosa que nos quedamos allí a ver la puesta de sol. Y que por eso hemos llegado tarde. —Mamadre miró a Laurita y a Neftalí a los ojos—. Cuando entremos en la casa vayan directamente a su habitación. Yo le diré a Padre que están demasiado sucios para cenar con nosotros. Luego les llevaré la cena. ¿Comprendido?

Neftalí abrazó fuertemente a Mamadre por el cuello. Quería decirle cuánto la quería. Quería decirle cuánto se arrepentía de no haber querido hablar con ella. Pero estaba tan emocionado que no encontraba las palabras.

—Vamos. Para adentro —dijo.

Neftalí no estaba aún preparado para soltarla. Necesitaba un instante más para susurrarle una cosa al oído.

—No es verdad eso que dicen.

—¿A qué te refieres, hijito?

Una lágrima le cayó por la mejilla.

—Los cisnes no cantan antes de morir.

~   ~   ~

El verano llegaba a su final. El sol amarillo iba tomando tonos dorados y las sombras se alargaban. Las eternas olas, sin embargo, no cambiaban; seguían precipitándose hacia la arena, y regresando al océano. Neftalí se despidió de Augusto, empacó todos sus tesoros estivales y permaneció cerca de la casa de veraneo. Escribió palabras por todas partes: en los postes de las cercas, en los pálidos tablones que arrastraba el mar hasta la playa y en los viejos barcos atracados en la orilla.

El último día en Puerto Saavedra, Padre permaneció de pie en la playa, observando atentamente a sus hijos.

Neftalí y Laurita lo miraban con los dedos cruzados.

—No te has esforzado lo suficiente, Neftalí. Después de todo un verano, no estás más fuerte. Más bien al contrario, te veo aun más débil.

—Lo que pasa es que ha pegado un estirón —dijo Mamadre—. Y, José, mira el color de su cara.

Padre se mesó las barbas sin apartar la mirada de Neftalí y le dijo:

—Lo único que veo es tu tontería. Te sigues obsesionando con las cosas. No has cambiado nada, ¿verdad?

Neftalí se quedó mirando la arena.

—Yo nado mejor —dijo Laurita.

Sin hacer caso a su hija, Padre se quedó mirando a Neftalí con resignación.

—Acabemos de una vez. Al agua.

Neftalí tiró de Laurita y entró en el agua. Se le encogió el estómago con el mismo pavor que sintió el primer día de verano.

¿Cómo podía amar y odiar tanto este lugar

al mismo tiempo? ¿Cómo era posible sentir el agua como algo tan profundamente suyo y también tan ajeno? El mar se alzó. Neftalí combatía cada ola. Avanzaba atenazado por el miedo a ahogarse. Pero al perder el equilibrio no se hundió. Agitó los pies, lanzó un brazo hacia delante y arrastró a Laurita con el otro.

—Agita las piernas, Laurita, y empuja el agua con el brazo.

Durante un momento de demorada calma entre ola y ola, volvió a hacer pie y miró hacia fuera. Se frotó los ojos. Más allá del oleaje, una extraña flota surgió ante él: su ovejita lanuda flotaba en el agua, el niño mapuche nadaba de espaldas y saludaba con la mano; dos cisnes en paralelo; Augusto, el náufrago feliz, bogaba despreocupadamente en una balsa de libros; y un bote de remos lleno de radiantes amapolas.

La siguiente ola se alzó ante los niños. Neftalí se inclinó hacia ella tirando de Laurita. Luego volvió a buscar aquel desfile flotante. Lo único que alcanzó a ver fue un manto de amapolas hundiéndose bajo la superficie.

Padre ya había empezado a decir que el verano siguiente, y el siguiente, regresarían a Puerto Saavedra. Neftalí no quería ni pensar hasta dónde lo haría nadar entonces. La siguiente ola lo empujó hacia abajo, le arrebató a Laurita y lo arrastró entre las espumas del rompiente. Aguantó la respiración hasta enderezarse de nuevo. Y al hacerlo sintió una extraña fuerza que lo hacía flotar desde abajo.

Se lanzó frenéticamente por Laurita y la agarró entre sus brazos. Tembló, pero esta vez no era de miedo, sino de rabia.

Padre estaba equivocado.

Sí había cambiado.

Neftalí había tomado una decisión. Volvería a Puerto Saavedra. Pero después de aquel día juró que jamás volvería a entrar en el océano, por mucho que su padre le dijera o le hiciera. Neftalí adoraba el sonido del océano. Adoraba lo que arrastraban las olas. Adoraba el olor y el sabor del aire salado. Pero nada más. Agarró a su hermana de la mano y volvió hacia la orilla.

Padre agitó la cabeza asqueado y emprendió el regreso a casa. Mamadre, por su parte, envolvió a Laurita en una manta y siguió los pasos de Padre para hacer los preparativos del largo viaje que aún los esperaba.

Neftalí se quedó a solas. Buscó un palo y empezó a escribir desafiantes palabras en letras gigantes sobre la húmeda arena.

Dejó caer el palo con una extraña sensación de soberanía. Extendió los brazos y se quedó escuchando el atronador aplauso de las olas. El océano era ahora su público.

El silbato de Padre sonó estridente en la distancia.

Alejándose de la playa, Neftalí reparó en una piedra. La recogió. Era lisa y plana, de color gris perla y en forma de corazón. Nada de lo que había encontrado durante todo el verano era tan especial. Neftalí se metió la piedra en el bolsillo. Faltaban tres semanas para que empezaran las clases. Quizá encontrase el valor para entregársela a una amiga. Quizá incluso a Blanca.

Corrió hasta la cresta de la colina y miró hacia abajo.

Las olas iban y venían.

Poco a poco, letra a letra, el océano lavó la arena.

¿A dónde llevarán las olas los restos

IDIOTA

BUENO PARA NADA

INÚTIL

abandonados en la moteada arena?

ANÁTICO   SOÑADOR

CABEZAHUECA

TONTO

Soy la poesía

que envuelve al soñador.

Siempre latente,

capturo el espíritu,

someto

a la pluma indecisa,

y me convierto

en el aliento

del camino único del escritor.

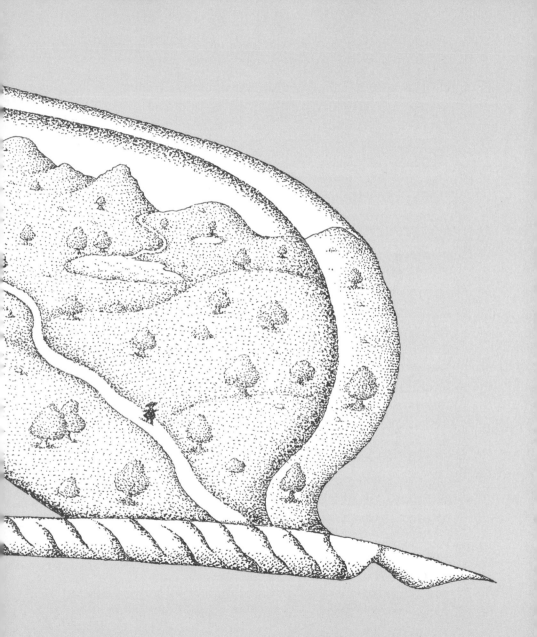

EL AMOR

Cuando regresaba a casa de la escuela, Neftalí se detuvo junto al río para escribir en su libreta. Se detenía cada pocos pasos y levantaba la mirada para ir sorteando los montones de hojas de otoño apiladas junto al cauce.

—¡Eh, Canilla! ¡Espera!

Neftalí frenó en seco y miró hacia atrás. Era Guillermo quien lo seguía. Se había pasado los últimos años de su vida intentando evitar al abusón.

¿Qué querría? Neftalí ya tenía once años y aún era el enclenque de la clase. No quería ni imaginar lo que Guillermo podría hacerle de un simple puñetazo. Neftalí se metió la libreta en el bolsillo, se cerró la chaqueta y se alejó rápidamente.

—¡Quieto ahí! —le dijo Guillermo levantando un puño.

Neftalí saltó de un brinco el cauce del riachuelo, pero cometió el error de mirar hacia atrás para determinar la distancia que había entre él y su perseguidor. Al hacerlo dio un traspié y cayó al suelo con tal fuerza que se quedó sin respiración. Se incorporó para recuperar el aliento y al cabo de unos instantes

sus pulmones empezaron a bombear aire con norma-
lidad. Al levantarse, Guillermo lo agarró del brazo.

—¿Vas a hacerme caso ahora, Canilla?

Neftalí asintió con una mueca de dolor.

—Necesito que me hagas un favor —dijo
Guillermo mirando de izquierda a derecha para ver
si había alguien—. Te pasas el día escribiendo en esa
libreta. Y hoy, delante de toda la escuela, un maestro
ha leído una de tus redacciones y ha dicho que tienes
un don para escribir.

Guillermo le puso la mano en la nuca y tiró de
él hacia sí, como si fueran amigos.

—Quiero que escribas una carta. Es para una
chica. Y quiero que la firmes con mi nombre.

Neftalí se quedó mirándolo. ¿Sería posible que Guillermo no quisiera darle un puñetazo?

—N-no sé —contestó Neftalí.

Guillermo le puso un puño cerrado delante de la cara.

Escribir una carta no sería tan doloroso como una paliza, así que aceptó.

—¿Q-qué q-quieres que le diga?

Guillermo hizo un ademán de indiferencia.

—Yo qué sé. Cuéntale lo que les gusta oír a las chicas. Y no se lo digas a nadie. Tráeme la carta terminada por la mañana antes de entrar a la escuela. Y, Canilla, debes impresionarla.

—Espera —dijo Neftalí al ver que Guillermo

se alejaba—. ¿Cómo se llama la chica?

Guillermo miró al suelo y pateó las hojas.

—Tú la conoces —dijo—. Se llama Blanca.

¿Blanca?

Neftalí vio a Guillermo alejarse por la arboleda y bajar hasta la orilla del río.

¿Mi Blanca?

Regresó corriendo y al llegar a su casa agradeció el calor del hogar. Por fortuna, aún le quedaban varias horas para estar solo. Mamadre había llevado a Laurita a jugar con Valeria, y Rodolfo estaba en el pueblo con Padre.

Neftalí se quitó el abrigo y el sombrero y los colgó junto al calentador. Se fue corriendo a su habitación y se quedó mirando las filas de sus colecciones. Tomó el corazón de piedra entre las manos y lo acarició con los dedos. ¿Por qué Blanca? ¿Precisamente Blanca?

Neftalí pensaba en mil cosas al mismo tiempo. ¿Cómo podría librarse del chantaje de Guillermo? Puso la piedra en su sitio e hizo un gesto de desesperación. La carta era inevitable. Si no se la entregaba, Guillermo lo presionaría hasta conseguirla. Y si la carta no impresionaba a Blanca, el matón de la escuela le haría la vida imposible. ¿Qué podría hacer? No sabía escribir una carta de amor. Ni siquiera había leído una carta de amor. Entonces recordó el paquete de postales y cartas que había en el fondo del baúl.

Neftalí fue al salón y se arrodilló ante el baúl. Pasó los dedos sobre la tapa, sobre los listones de roble y las asas de cuero. Cuando era niño, Mamadre lo obligó a prometerle que nunca volvería a acercarse, pero ahora era más alto y tenía suficiente fuerza para aguantar la tapa. Se asomó por la ventana para asegurarse de que no venía nadie, luego desabrochó la correa y abrió el baúl. Apartó cuidadosamente las prendas, los sombreros y la guitarra, todo envuelto en aquel perfume de madera de cedro. Finalmente sacó el paquete de cartas y desató el lazo.

Todas las postales y las cartas tenían remite de un tal Enrique e iban dirigidas a una mujer llamada María. Enrique expresaba a María su deseo de que los dos estuvieran en un castillo de una tierra remota. Le decía que su amor era como los ríos que pasaban bajo los puentes de piedra ancestrales sobre los que él había pasado. Y que ella era mucho más linda que cualquiera de las elegantes mujeres que había conocido.

Enrique tenía una caligrafía elegante, llena de florituras y arabescos, al igual que las palabras que decía. Sus oraciones expresaban la impaciencia por ver a María de nuevo, y hablaban de sus esperanzas y sus sueños de compartir juntos el futuro.

Neftalí leyó todas y cada una de las cartas y postales. Y luego las volvió a leer. ¿Sería capaz de escribir palabras como ésas algún día? ¿Podría escribir algo que alguien quisiera conservar para siempre?

Volvió a juntar las cartas, las ató con su lazo, las metió en el fondo del baúl con todas las demás cosas encima y cerró la tapa.

Neftalí pasó toda la tarde en su escritorio con la mirada fija, concentrado en sus tareas. Pero no eran las matemáticas lo que ocupaba sus pensamientos. Pensaba en el amor. Escribió la palabra amor en un papel y la leyó en voz alta una y otra vez. La dobló y la metió en el cajón con las demás palabras que había ido guardando. Y esperó. Sin embargo, el cajón no se abrió y las palabras no formaron oraciones sentimentales. Pensó que quizá podría empezar escribiendo notas afectuosas a alguien de su familia a modo de práctica, y que luego no le costaría tanto escribirle a Blanca.

¿A quién amaba?

Amaba a Laurita.

Amaba al tío Orlando.

Sabía que debía amar a Padre, así que lo incluyó en la lista.

Sin lugar a dudas y sobre todas las cosas amaba a Mamadre. Era la persona más cariñosa sobre la faz de la tierra.

Al pensar en ella, se sentía sobrecogido de gratitud por todas las cosas que había hecho por él. Empezó a escribir con un lápiz todas las palabras que le recordaban a ella. En su mente empezaron a tomar cuerpo oraciones que exigían ser escritas.

Neftalí respiró hondo y sintió una extraña satisfacción. Deseaba compartir sus versos. Miró por la ventana. ¿Cuánto tiempo había pasado desde que llegó a casa? Varias horas, seguramente. Oyó voces. Se levantó de un brinco y corrió hacia Mamadre, que estaba sentada en el comedor tomando café con Padre.

Neftalí esperó en el umbral hasta que Padre le dio permiso para entrar. Sus manos sudorosas le temblaban de emoción. Finalmente le entregó el papel a Padre.

Padre lo leyó, pero en vez de pasárselo a Mamadre se lo devolvió al muchacho.

—¿De dónde has copiado esto? —dijo.

—L-lo he escrito yo. N-o lo he...

—O sea que te estás volviendo idiota, ¿no? Algún día tendrás que trabajar y poner comida en la mesa, y te arrepentirás de este derroche de tiempo. A tu habitación a estudiar.

Neftalí miró a Mamadre, que se limitó a esbozar una pequeña y tensa sonrisa. Decidió que le enseñaría el poema cuando Padre no estuviera cerca.

En su habitación, Neftalí miraba sentado aquel papel en blanco que había de convertirse en una carta para Blanca. Se levantó y paseó por la estancia frotándose las sienes. Las cartas de amor de Enrique a María eran muy claras. Era como si el corazón de Enrique hablara en voz alta. Se preguntó qué podría haber en el corazón de Guillermo. No tenía la menor idea. Sólo sabía lo que había dentro de su propio corazón. De pronto, Neftalí sintió un incontenible torrente de palabras. Se sentó y empezó a escribir.

Querida Blanca...

Llenó la carta de sus propios sentimientos: halagos a su belleza y a sus ojos y a su dulce voz. Le contaba cómo la admiraba desde la distancia y cómo el miedo lo atenazaba cuando intentaba acercarse a hablar con ella. Cuando estaba llegando al final, hizo una pausa. Había escrito sus sentimientos, sus palabras. A pesar de ello, firmó indeciso con el nombre de Guillermo; y al hacerlo, se frotó el pecho como tratando de aliviar un dolor.

Al día siguiente, después de clase, Neftalí decidió regresar directamente a casa. No hubiera podido soportar ver a Guillermo entregarle la carta a Blanca o ver la reacción de ella. ¿Y si Blanca le arrojaba la carta a la cara? ¿Iría Guillermo a buscarlo? Tales eran los desvelos de Neftalí mientras volvía a casa a paso ligero.

De pronto escuchó unos pasos que lo seguían. La carta debió ser un fiasco. Sus palabras debieron haber sido demasiado sentimentales o quizá no lo suficiente. Padre tenía razón. Era un idiota. Y ahora Guillermo estaba a punto de darle una paliza. Avanzaba con el cuerpo atenazado por el mismo pavor que sintió cuando Padre lo obligó a entrar en el mar. Neftalí apretó el paso sin mirar atrás. Los pasos también aceleraron. Al doblar una esquina, se metió en el vano de una puerta con el corazón palpitando.

Unos instantes después se encontró cara a cara con Blanca.

Se le hizo un nudo en el estómago y sintió un cálido rubor en las mejillas.

—Hoy he recibido una carta —dijo Blanca.

No podía mirarle a la cara. Tenía los ojos pegados al suelo.

—Era de Guillermo.

Neftalí sintió náuseas.

—Lo que pasa es que Guillermo apenas sabe juntar dos palabras. Tú, sin embargo, sí eres capaz de expresarte así.

Neftalí se atrevió a levantar la mirada tímidamente.

—La escribiste tú, ¿verdad? —dijo Blanca mordiéndose el labio y moviendo el cuerpo de un lado a otro.

Neftalí asintió con la cabeza.

—Lo sabía. Laurita no para de contarnos a Valeria y a mí que siempre sacas las mejores notas en redacción.

Neftalí deseó poder hacerse tan chico como un insecto. Sintió un leve mareo. Se pasó la mano por la nuca sudorosa. Miró rápidamente a Blanca y luego volvió a mirar al piso.

Blanca sonrió y le extendió un membrillo.

—Es para ti —le dijo—. Me han gustado tus palabras y me gustaría leer más.

Neftalí tomó el membrillo, pero seguía sin poder mirarla. Tenía los ojos clavados en esa especie de pera amarillenta.

Blanca esperaba una respuesta mientras alisaba el suelo con el zapato.

—Prometo no decirle a Guillermo que sé que las cartas son tuyas.

Neftalí apenas podía respirar. Que un adulto lo mirase a los ojos era difícil, pero que lo hiciese una chica, y especialmente esta chica, le hacía sentir que sus pulmones eran demasiado pequeños para su cuerpo. Tenía el pecho henchido de una peculiar y dolorosa felicidad.

Sin más, se dio vuelta y se alejó de Blanca, corriendo hacia su casa a toda velocidad. Llevaba mentalmente el ritmo de la respiración con aquella frase: Me han gustado tus palabras. Me han gustado tus palabras. Me han gustado tus palabras.

En vez de comerse el membrillo, lo añadió a una de sus colecciones. Poco le importaba que se secara y se pusiera feo. Blanca lo había tocado. Puso la piedra en forma de corazón junto al membrillo. Pensó que aquel recuerdo de su generosidad le daría la confianza para corresponderle con el corazón.

~ ~ ~

Cada semana, Neftalí escribió una carta para

Blanca firmada con el nombre de Guillermo. Neftalí veía de lejos cómo Guillermo entregaba el sobre a Blanca después de las clases. Guillermo se quedaba mirando a Blanca, que sonría cortésmente y le daba las gracias. Blanca se quedaba esperando hasta perderlo de vista y luego... Luego se giraba levemente hacia Neftalí.

Neftalí se quedaba en el patio hasta que la veía buscarlo con la mirada. Y en ese instante bajaba los ojos y la seguía hasta su casa. Blanca siempre caminaba despacio, deteniéndose de cuando en cuando para no dejarlo atrás y para poder ofrecerle otro membrillo. Pero Neftalí seguía sin pronunciar palabra. Salía corriendo a dejar el nuevo membrillo junto a los demás.

~ ~ ~

La tarde en que Blanca le dio el quinto membrillo, Neftalí se encontró a Laurita llorando en la cocina. Tenía la cabeza apoyada en los brazos cruzados, que descansaban sobre la mesa. Mamadre estaba sentada a su lado acariciándole la espalda.

—¿Qué pasa? —preguntó Neftalí.

—Laurita está triste porque Valeria y su familia se van a mudar. Su tío ha enfermado y su papá tiene que ir de inmediato a ocuparse del negocio en Antofagasta. Valeria y Blanca se irán con sus padres mañana mismo en el primer tren de la mañana.

—Valeria es mi amiga... mi mejor y... favorita

—dijo Laurita alzando ligeramente su rostro lloroso.

Mamadre le acariciaba el pelo.

—Mañana iremos temprano a la estación a despedirnos —dijo—. Vamos a pensar qué recuerdo tuyo podemos darle.

—Quiero que me recuerde para siempre —balbuceó la niña.

—Ya, ya lo sé —dijo Mamadre—. Seguro que se nos ocurre algo muy especial.

Neftalí dejó a Mamadre consolando a Laurita y se fue a su habitación. Se sentó al borde de la cama y se apretó el vientre. ¿Le habían dado un puñetazo invisible? Antofagasta está en el extremo norte de Chile, a unas mil millas de Temuco. Seguramente jamás volvería a ver a Blanca. Se quedó mirando su hilera de membrillos y el que tenía en la mano. De pronto, también él sintió la urgencia de que Blanca jamás lo olvidara.

Fue a buscar la piedra en forma de corazón y, con ella en la mano, miró por la ventana. Pasaba un carro por la calle levantando una polvareda. En la parda neblina vio amanecer en la estación y se vio a sí mismo acercándose a Blanca. Sus miradas se encontraron. Atravesó la multitud hasta alcanzarla. Le entregó la piedra en la mano. Blanca aceptó el regalo y, abrumada, le pasó las manos por detrás de la nuca y lo besó en la mejilla. Prometieron escribirse cada semana todos los días de sus vidas. Blanca se subió al tren y le lanzó besos. Neftalí alzó la mano y la mantuvo alzada hasta que el minúsculo vagón de cola desapareció en un último parpadeo. Sólo entonces se dirigió a casa, abriéndose paso entre la multitud e ignorando las miradas impertinentes de la gente y del propio Guillermo.

Neftalí se apartó de la ventana y volteó la piedra una y otra vez en la palma de la mano. Luego se la metió en el bolsillo y esperó a que amaneciera.

~   ~   ~

Y amaneció. Neftalí se vistió y corrió a la ventana mientras la escena empezaba a desplegarse en el andén del ferrocarril. Los pasajeros se mezclaban con todas las personas que habían acudido a despedirse. Blanca y su familia no tardaron en aparecer. Mamadre y Laurita los saludaron. También lo hicieron algunos compañeros de Neftalí, entre los que estaba Guillermo. Neftalí vio cómo un grupo de hombres se despedía del padre de Blanca con apretones de manos y palmadas en la espalda. Vio a mujeres besando a la madre de Blanca; algunas le entregaban pan envuelto en un paño y dulces, que ella puso en la cesta de viaje. Laurita y Valeria iban de la mano. Las dos amigas se intercambiaron las bufandas que llevaban puestas.

Cuando el tren paró en el andén, los hombres cargaron las posesiones de la familia. En el último instante, antes de que Blanca subiera al tren, Laurita se le acercó corriendo, le susurró algo al oído y le entregó la pequeña piedra. Blanca tomó la piedra y levantó la mirada, buscando entre el gentío. Finalmente, se dio por vencida y se subió al tren.

Tras la cortina, Neftalí vio elevarse el vapor sobre la chimenea de la locomotora. Se quedó mirando el lento traqueteo del tren, que al fin salía de la estación.

Y miró y miró, hasta perder de vista la sombra del último vagón.

¿Quién teje la intrincada red que atrapa a los espíritus indecisos?

LA PASIÓN

En la habitación de Neftalí en Temuco, enormes y ensordecedoras gotas de lluvia no paraban de caer.

El chucao revoloteaba entre las vainas marinas y las piñas de sus colecciones diciendo su nombre.

La espuma de una ola que rompió en su ventana chorreaba en el alféizar.

Neftalí procuró dormir, pero cada vez que

se daba vuelta, las gotas de lluvia sonaban con más fuerza. ¿Qué era lo que desbocaba su mente? ¿Lo desvelaba acaso lo que ocurriría al día siguiente?

Miró a su alrededor. No le sorprendía oír en su mente el rumor del mar, pues acababa de regresar de su tercer verano en Puerto Saavedra. Tampoco le extrañaban las notas musicales que producía su vieja amiga, la lluvia, esa eterna moradora de Temuco. Pero ¿no podría concederle una noche de paz y tranquilidad, especialmente en su estado de ansiedad?

Lo que más le chocaba era oír el áspero canto del chucao. Aunque había regresado muchas veces al bosque con Padre, y había oído al ave, lo que se dice verla sólo la vio cuando tenía ocho años. Ahora estaba en su habitación. ¿Había acudido a advertirle sobre su destino? ¿Lo llamaba desde la derecha o desde la izquierda?

Estaba confundido. Se tapó la cabeza con las mantas e intentó hundirse en el colchón. Sin embargo, a pesar de que ya había cumplido trece años y era más alto que Rodolfo, seguía siendo muy delgado, por lo cual el colchón apenas se inmutó.

Acabó por abandonar la posibilidad de dormirse. Apartó las mantas a un lado y dio rienda suelta a las gotas de lluvia, al chucao y a las olas. Sacó uno de sus muchos libros de un estante y empezó a leer, pero la única oración que aparecía en la página era: ¿Qué pasara el día de mañana?

~   ~   ~

Al día siguiente, por la tarde, Neftalí recorría una y otra vez el pasillo que daba a la oficina que el tío Orlando tenía en el periódico. En una mano llevaba una libreta y con la otra se arreglaba el pelo. Al tocarse la frente húmeda se dio cuenta de que no había estado tan nervioso desde que tuvo a Blanca ante él dos años antes, ofreciéndole un membrillo en agradecimiento por las cartas que le había escrito. Poco importaba que sólo fuera el tío Orlando con quien iba a encontrarse. El caso es que tendría que mirar a los ojos a alguien capaz de juzgar su valor.

Al menos no sería Padre, que seguía diciendo a todo el mundo que su hijo sería médico o dentista.

Cuanto más insistía Padre, más claro tenía lo que no sería cuando fuera grande.

Antes de marcharse de Puerto Saavedra había comentado su ansiedad con Augusto, que le dijo: "Siempre hay una manera de hacer lo que realmente amas".

La puerta se abrió súbitamente. La cabeza del tío Orlando se asomó al pasillo.

—Neftalí, eres tú. ¿Qué haces desfilando por el pasillo? Entra.

Neftalí dejó escapar una bocanada de aire. Mientras entraba en la oficina de su tío, trataba de imaginar cómo reaccionaría a lo que estaba a punto de proponerle. Y luego trató de imaginarse la reacción de su padre.

El tío Orlando volvió a su escritorio y ordenó unos papeles.

Neftalí respiró hondo.

El tío Orlando levantó la mirada.

—Sobrino, parece que te vas a desmayar de un momento a otro. Siéntate.

Neftalí se sentó.

—¿Por qué estás tan nervioso?

—Quiero pedirte algo. Dos cosas.

El tío Orlando se inclinó hacia él con un gesto de preocupación en la mirada.

—Dime...

—¿Recuerdas que cuando era pequeño dijiste que algún día podría trabajar para ti?

El tío Orlando se reclinó hacia atrás y observó detenidamente al muchacho.

—¿Cuántos años tienes ahora? ¿Casi catorce?

Neftalí asintió en silencio.

—Bueno... edad ya tienes. Sería una buena experiencia. Pero tendrías que venir después de la escuela. Y lo que puedo pagarte es bien poco.

—No importa —dijo Neftalí.

De pronto, el tío Orlando lo miró con semblante serio.

—Hay una condición. Tu padre tiene que darnos permiso.

Neftalí dejó de sonreír.

—Ya lo sé —dijo dejando caer los hombros.

El tío Orlando entornó la mirada.

—Déjame que piense... —dijo—. Si no me equivoco, esta noche va a haber bastante gente en tu casa, ¿verdad?

Neftalí asintió en silencio.

—Padre llegó muy tarde anoche después de una larga ausencia. Creo que hasta Rodolfo vendrá a pasar unos días.

—Entonces José estará de buen humor. Si te parece, buscaré el momento oportuno para pedirle que trabajes para mí. Pero bueno, dijiste que me querías pedir dos cosas...

Neftalí sacó su libreta.

—Es una composición que he escrito para un

concurso de todas las escuelas de muchachos y muchachas. Van a publicar el trabajo ganador en el periódico estudiantil. Tengo que entregarlo mañana, y me preguntaba si podrías echarle un vistazo y darme algún consejo...

—Es lo menos que puedo hacer por un aspirante a redactor —dijo el tío Orlando tomando la libreta—. Te lo llevaré a casa cuando vaya a cenar. Tengo ganas de ver a Rodolfo. ¿Qué dice de su nuevo trabajo en Santiago?

—No estoy seguro —dijo Neftalí—. Lo vemos poco y cuando viene no comenta mucho. Lo e-ch-cho de menos.

—Así es la vida. Ya es un hombre hecho y

derecho —dijo el tío Orlando inclinando la cabeza hacia la puerta—. Estoy seguro de que tu Mamadre y Laurita necesitan ayuda. Vamos, vete a ver si puedo terminar mi trabajo. Si no, no tendré tiempo de leer tu redacción.

De camino a casa, Neftalí trataba de imaginar el momento oportuno para pedirle permiso a su padre. No se le ocurría ninguno.

Lo único que lograba ver era su intimidante silueta cerrándole el paso.

Aquella noche hubo mucho de comer, de beber y de qué hablar. Neftalí esperó impacientemente a Rodolfo, pero cuando al fin llegó, éste se fue directamente hacia un grupo de hombres de negocios como él; les dio la mano con mucha formalidad y se quedó con ellos al otro lado de la estancia. Con sus trajes oscuros y su constante movimiento de cabeza, le parecían un clan de buitres de alas negras.

Cuando al fin se cruzaron las miradas, Neftalí lo saludó con la mano. Su hermano correspondió con un leve gesto, pero volvió enseguida a su conversación con aquellos señores.

Cuando todos estaban sentados ante la mesa, Padre señaló con el dedo a la silla vacía que había junto a Neftalí.

—¿Y Orlando?

—Ha mandado recado de que llegará con retraso —dijo Mamadre.

Neftalí se sintió oprimido por una sensación de abandono. Tomó pequeños sorbitos de sopa. ¿Y si al tío Orlando no le había gustado su composición? Hurgó en su muslo de pollo asado, que apenas probó. Si no le gustó, ¿seguiría pensando que podía trabajar para él? ¿Intentaría siquiera pedirle permiso a Padre? Cuando los invitados acabaron de comer y Mamadre se levantó a traer el postre de la cocina, Neftalí ya estaba seguro de que su tío no acudiría.

De pronto sonaron dos golpes en la puerta y, un momento después, apareció el tío Orlando. A pesar del alivio que supuso ver ahí a su tío, sintió que todos los músculos de su cuerpo se tensaban.

El tío Orlando saludó a todos con un leve gesto.

—Les pido disculpas a todos por mi retraso, pero tenía que acostar a mi periódico.

—Cuéntanos las noticias —dijo un tendero—. Nosotros nos encargaremos de que todo el mundo las sepa antes de que aparezca el primer ejemplar de la mañana.

Todos rieron.

—Bueno, lo mismo de siempre —dijo el tío Orlando—. El tiempo. Casamientos. Muertes. Otro mapuche asesinado por negarse a abandonar sus tierras. Para algunos de ustedes, esto no supone ninguna novedad porque están involucrados, aunque sea de manera indirecta, en esas acciones inhumanas. Pero dejemos eso a un lado. Hay otra noticia. Se ha constituido un grupo que hablará en nombre de los mapuches en las juntas municipales.

—Ah. Apoyando la voz de los oprimidos. Qué lindo —dijo el tendero—. Los promotores montan negocios y crean empleos. Y tú te quejas de un puñado de mapuches que se cuelan en propiedad privada.

—No se cuelan en ninguna parte. Están en su tierra —dijo el tío Orlando.

—Bueno, eso es discutible —dijo el tendero.

Neftalí estaba cada vez más inquieto. ¿Sería aquello el inicio de otra discusión?

El tío Orlando dio un paso hacia delante y volvió a abrir la boca, pero antes de decir nada se detuvo, como si hubiera recordado algo de repente.

Sonrió al tendero.

—Hoy no tengo ganas de discutir —dijo—. Hoy no. En lugar de eso, si les parece, quisiera darles la primicia de un artículo que aparecerá en la edición de mañana.

Un murmullo de expectación recorrió la mesa.

Tras asegurarse de que todas las miradas estaban en él, el tío Orlando carraspeó y comenzó a leer: "Entusiasmo y perseverancia..."

Neftalí se quedó pasmado. ¿Había oído bien? Ese era el título de su composición. Sintió como si tuviera piedras dándole vueltas en el estómago. Neftalí miró las caras de todos los comensales mientras el tío Orlando leía sobre la importancia de actuar de acuerdo a los propios sueños y de no rendirse. Observó las miradas de los invitados, cautivadas por el relato de famosos exploradores que consiguieron abrirse camino en la adversidad.

Con voz firme y convencida, el tío Orlando expuso la premisa de Neftalí de que aquellos viajeros fueron los héroes de la determinación y la perseverancia.

A medida que se acercaba el final del artículo, la voz del periodista se fue haciendo más tenue; su ritmo, más lento. Terminó con un párrafo profundo y reflexivo: "Ejemplos, como los que nos dieron Colón, Marconi y tantos otros no deben quedar en el olvido, pues ellos conducen a una vida más honrosa y sin ellos es casi imposible vivir".

Hubo una pausa. Y un silencio. Neftalí bajó la mirada. Seguramente no les habría gustado.

De pronto, todo el mundo aplaudió. Neftalí fue mirando a todos los invitados, y en la mirada de todos y cada uno de ellos vio admiración. Hasta su padre aplaudía con una sonrisa en el rostro.

—Dinos —dijo uno de los invitados—. ¿Quién ha escrito eso?

Neftalí apenas podía controlar su respiración entrecortada.

—Un joven de tan sólo trece años. Alguien que espero pueda trabajar conmigo muy pronto —dijo el tío Orlando extendiendo el brazo hacia Neftalí—. El mismísimo Neftalí Reyes.

—¡Felicitaciones! —exclamó Laurita.

—Sí, felicitaciones —dijo el tendero—. Verdaderamente asombroso.

A Neftalí le temblaban tanto las manos que tuvo que apretarlas sobre las piernas. ¿Cómo era posible sentir tanto orgullo y tanto miedo al mismo tiempo?

Al levantar la mirada vio que Padre lo miraba de manera tensa.

Neftalí agachó la mirada de golpe.

Padre se aclaró la garganta y dijo en un tono de teatral entusiasmo:

—Me alegro de que todos hayan disfrutado de este espectáculo.

Neftalí levantó la mirada. Padre no parecía en

absoluto contento.

—José —dijo uno de los invitados—. No tenía ni idea de que tu hijo tuviera tanto talento.

—Es un simple pasatiempo —replicó Padre con desdén—. Es una frivolidad sin más. En fin, cambiemos de tema.

—A mí me ayudaría mucho —dijo el tío Orlando—. Y no le vendría mal tener un trabajito después de la escuela, ¿no crees? Ahorraría un dinerito para pagar la universidad.

—Yo le daré una paga cuando vaya a la universidad —dijo su padre enrojecido de ira—. Si elige una carrera respetable.

—Pero la paga no bastará para todos sus gastos —dijo Rodolfo—. Así Neftalí podrá comprarse sus propios libros.

Neftalí miró sorprendido a su hermano, que estaba sentado en el lado opuesto de la mesa. No le había dicho nada en toda la velada y sin embargo ahora defendía su causa.

—Ni hablar —dijo Padre—. Lo que tiene que hacer con su tiempo libre es dedicarlo a sus estudios para que pueda ganarse una plaza en la universidad.

—Tiene las mejores notas de su clase —dijo Rodolfo mirando a su hermano pequeño y haciéndole un gesto con la cabeza, instándole a decir algo—. ¿Verdad?

—Excepto en matemáticas, pero p-prometo

mejorar mis notas —logró decir—. No dejaré que el trabajo afecte mis calificaciones.

No podía creer que hubiera hablado a su padre. ¿De dónde habían salido esas palabras?

Padre levantó la mano, pero antes de que pudiera pronunciar palabra, el tío Orlando lo interrumpió.

—Aún le quedan tres años para ir a la universidad. Puedo enseñarle a usar la imprenta y puede ayudarme en el aspecto empresarial del periódico. No se puede ir por la vida sin saber de negocios, ¿verdad Rodolfo?

—Como dice Padre —asintió Rodolfo—, 'siempre hay futuro en los negocios'. Nadie sabe eso mejor que yo.

En ese instante, Mamadre entró con un plato repleto de alfajores y lo puso delante de Padre. Todo el mundo se quedó mirando aquellos delicados dulces rellenos de dulce de leche y cubiertos de azúcar en polvo, y hasta alguien gimió con anticipación.

—José —dijo el tendero—, tu hogar siempre tiene las más sorprendentes exquisiteces.

—Ya está decidido —dijo el tío Orlando—. José, pasa esos exquisitos alfajores.

Padre gruñó con resignación y pasó el delicado postre a los invitados. A partir de ese momento, la conversación giró en torno a esos finos dulces.

El tío Orlando tocó a Neftalí con el codo.

Neftalí seguía sin atreverse a mirar a Padre. Sí

miró a su hermano, quien le dedicó una tímida sonri-

sa: la sonrisa más triste que había visto en su vida.

Cuando le pasaron los alfajores, Neftalí los

miró detenidamente tratando de decidir cuál de ellos

escoger. Mientras comía deseó hacer una corrección

en su composición e incluir al tío Orlando y a Rodol-

fo en su lista de héroes.

~   ~   ~

Neftalí empezó a trabajar con su tío al día si-

guiente.

Dos meses después ya manejaba perfectamen-

te la imprenta. Siempre iba con los dedos ennegreci-

dos y llevaba el delantal embadurnado de tanto sacar

de la prensa papeles mojados de tinta caliente. El traqueteo decidido de la máquina se le quedó grabado en su mente.

Cliqueti, clac, fiu-aaa

Cliqueti, clac, fiu-aaa

Cliqueti, clac, fiu-aaa

Neftalí lo oía a todas horas, incluso cuando la prensa estaba parada. Lo oía mientras metía los tipos de metal tipográfico en las bandejas de la prensa; mientras iba a hacer recados e incluso silbando alegremente a la hora de barrer al final de la jornada.

Deseaba poder publicar otra de sus redacciones en el periódico. El tío Orlando se lo había prometido, pero llevaba varias semanas muy atareado y Neftalí prefirió no mencionarlo. Además, a Neftalí le preocupaba el extraño comportamiento de su tío. Se pasaba el día entrando y saliendo de la oficina sin decir nunca a dónde iba; le mandaba a entregar cartas a éste o a aquél haciéndole jurar que no se lo contaría a nadie; reuniéndose con gente en plena noche en una esquina al otro lado de la calle o bajo la lluvia, en vez de recibirla en la oficina.

Cliqueti, clac, fiu-aaa

Cliqueti, clac, fiu-aaa

Cliqueti, clac, fiu-aaa

La puerta se abrió de golpe y el tío Orlando

entró apresurado. La volvió a cerrar de un portazo y empezó a cerrar ventanas. Tenía el ceño fruncido y la voz tensa.

—Neftalí, coloca varias sillas ahí y pon mantas en las ventanas.

—¿Para qué? —preguntó Neftalí.

—Las personas que abogan por los mapuches quieren organizar una protesta contra los urbanizadores. Necesitan un lugar donde reunirse esta noche y yo les he ofrecido mi oficina. Van a llegar en unas horas. Quizá la voz de un grupo más numeroso sirva de algo. Eso sí, Neftalí, nadie debe saber nada de esta reunión.

—Comprendo —dijo Neftalí limpiándose las manos con un trapo.

—Si los urbanizadores se enteran —dijo el tío Orlando—, no quiero ni pensar qué serían capaces de hacer. Ya han matado a mucha gente.

Un hilo de temor recorría la mente de Neftalí.

—Pero ¿cómo sabrás que todas las personas que vienen a la reunión están de tu lado?

El tío Orlando desdobló una manta y se la pasó a Neftalí.

—Quiero que te quedes junto a la ventana y que me digas si entra alguien sospechoso, y si alguno de los urbanizadores manda un espía, ese es un riesgo que tengo que correr —dijo encogiéndose de hombros.

~   ~   ~

Al caer la noche, Neftalí asumió su papel de

vigía asomado a la ventana tras la manta. ¿Cómo iba a distinguir a un urbanizador de un ciudadano comprometido con la causa? ¿Qué pasaría si dejaba entrar a la persona equivocada? Y si le daba la señal al tío Orlando, ¿habría una confrontación con pistolas?

En realidad, no era tan difícil como Neftalí se imaginaba. La gente que empezaba a congregarse a las puertas de la pequeña oficina del periódico tenía un aspecto mucho más humilde que cualquiera de los tenderos que habían cenado en su casa la noche anterior. No eran comerciantes. No eran oficinistas. No eran hacendados. Eran los trabajadores del campo. Eran los panaderos, las costureras y los herreros.

Aunque Neftalí se pasó toda la reunión mirando

por la ventana, escuchó todo lo que se dijo a sus espaldas durante la reunión: escuchó la voz franca del tío Orlando hablando sobre los derechos de los mapuches, hablando sobre los planes para hacer una protesta pacífica y del clamor por el respeto a toda la humanidad. Y cuando concluyó la reunión, Neftalí vio los rostros esperanzados de aquellas personas aferradas a las manos del tío Orlando, dándole las gracias y despidiéndose.

Después de ayudar al tío Orlando a guardar las sillas, a descubrir las ventanas y a cerrar la oficina, los dos caminaron por la calle en silencio. Neftalí aún sentía en su corazón la energía que momentos antes vibraba entre las paredes de la oficina. Sentía latir las estrellas sobre él. ¿Sentiría también el firmamento el pálpito de las buenas intenciones?

Cuando llegó el momento de separarse, Neftalí preguntó:

—¿Servirá de algo la protesta de los trabajadores?

—Servirá si la gente no tiene miedo y si hallan la determinación para hacer lo correcto. Pero, sobrino, las cosas son mucho más difíciles a la hora de hablar de la verdad. La gente puede pasar de la convicción a la debilidad en un instante. Y no siempre es por su culpa. —Se dio media vuelta y en el último momento añadió—. Ten cuidado.

Neftalí levantó la mano y vio a su tío alejarse. En ese instante deseó ser fuerte en el momento crucial, pero no estaba seguro de poder conseguirlo.

Llegó a casa muy tarde. Entró en su habitación. La luna proyectaba su pálida luz sobre sus colecciones de vidrio marino, caracolas e insectos; sobre los ordenados despliegues de ramas, nidos y vainas marinas dispuestas sobre el aparador. Abrió el último cajón y sacó una de las libretas que guardaba bajo su oveja de lana. A la luz de la luna veía lo justo para anotar sus sentimientos. Luego volvió a poner la libreta debajo de su lanudo guardián y se echó sobre la cama.

Las palabras que acababa de escribir se escabulleron de la página y escaparon del cajón. Las letras se apilaron en columnas, unas sobre otras. Las columnas ascendieron hasta convertirse en torres majestuosas que rodeaban a Neftalí en una ciudad de promesas.

Luego apareció una palabrita breve y presun-
tuosa, que empezó a roer las palabras más altas des-

de la base, engullendo su espíritu y su sazón hasta derrumbarlas.

Al final, sólo quedaba una sola palabra, gorda y satisfecha.

MIEDO

~   ~   ~

Neftalí se despertó en plena noche agitado por Laurita.

—¡Neftalí, despierta!

El muchacho se incorporó aturdido.

—¿Qué? ¿Qué pasa?

—Hay un hombre en la puerta. La oficina del

periódico está en llamas.

Neftalí se vistió a toda prisa y corrió hacia la puerta, pero Padre se puso en su camino y lo agarró del brazo.

—Neftalí, ya no se puede hacer nada. Vuelve a la cama.

Neftalí se zafó de su padre. Corrió a la calle para ayudar a los que ya se dirigían al periódico. Miró atrás y vio la silueta de su padre en el umbral de la puerta. ¿Por qué no acudía él también a ayudar?

Neftalí galopaba al ritmo de su corazón por la calle sin asfaltar que llevaba a la oficina. Al doblar la esquina vio una bola de fuego iluminando la noche.

Una gran multitud se aglomeraba ante el edificio. Unos daban instrucciones a los que luchaban contra las llamas; otros miraban incrédulos con la mano en la boca y los demás trataban de mantener a la gente alejada del peligro.

Neftalí se abrió paso entre el gentío buscando al tío Orlando.

Lo encontró de pie, en el centro de la calle. Miraba las llamas, estupefacto, con un cajón de tipos de metal tipográfico en las manos.

Neftalí corrió hacia él.

Absorto, el tío Orlando le mostró la caja.

—Es lo único que he podido rescatar. Entré corriendo, pero es lo único que he podido rescatar.

Se formó una cadena humana a través de la

cual circulaban cubos de agua. El denodado esfuerzo era insignificante ante la magnitud del incendio. Neftalí se unió a la brigada. Agradeció poder hacer algo con las manos, pero le frustraba la inutilidad del esfuerzo.

Las llamas empezaron a remitir con la llegada del alba. La gente empezó a retirarse a sus hogares y negocios; Neftalí se quedó hasta que sólo había una pila de ceniza humeante. Se quedó junto al tío Orlando ante esas ruinas que parecían el lecho de ceniza de una hoguera gigante.

—¿Por qué? —preguntó.

El tío Orlando habló despacio, midiendo cada palabra.

—Los urbanizadores creen que así voy a abandonar la causa. Creen que ahora los ciudadanos caerán presa del pánico y que sólo se ocuparán de su seguridad, de mantener sus puestos de trabajo. Es posible que mucha gente reaccione así y deje de apoyarnos. Y entonces... empujarán más y más a los mapuches, hasta que desaparezcan.

Neftalí pensó en el muchacho mapuche que conoció en el barco. Pensó en cómo él y su familia iban en una dirección mientras Neftalí y su familia iban en la contraria.

—No es justo —dijo Neftalí—. No hay derecho. Tenemos que llamar a las autoridades.

El tío Orlando respondió con una calma inquietante.

—No servirá de nada.

—¡Es responsabilidad suya! —exclamó Neftalí—. Se ha cometido un crimen.

—¡Ah, claro! —dijo el tío Orlando con sarcasmo—. Su responsabilidad.

—¿Entonces qué? ¿Ya está? —dijo Neftalí—. ¿Seguirán asesinando a gente inocente? ¿Actuará todo el mundo como si nada hubiera pasado?

Tío Orlando se irguió.

—Neftalí, siempre se puede hacer algo. Ahora me han sometido, es cierto, pero sólo por fuera. Nunca podrán aplacar lo que siento por dentro. Así que esperaré. Y entonces volveré a empezar —dijo.

—¿Pero cómo? ¿Dónde?

—Hay directores de varios periódicos que estarían dispuestos a contratarme... Si no en un periódico de aquí, en otro lugar. Empezaré por escribir más artículos; los artículos pueden animar a la gente a susurrar a puertas cerradas. ¿Sabías que muchos susurros pueden acabar convirtiéndose en un ruido ensordecedor? Mira a tu alrededor. ¿Qué ves?

Neftalí miró a su tío con extrañeza. ¿Qué había que mirar? Todo lo que aquel hombre había creado había desaparecido. ¿Por qué no estaba enfurecido?

—¡Nada! —exclamó Neftalí levantando los brazos—. ¡No veo nada! No hay paredes. Las máquinas están destruidas. No queda nada aparte de esta caja vacía. Han ganado.

El tío Orlando levantó una mano para frenar a su sobrino. Caminó hacia un montón de ceniza humeante y le dio una patada. Debajo de la ceniza, una brasa palpitaba como un corazón.

—Te equivocas. Piensa en el volcán Llaima. Siempre arde algo bajo su superficie. A veces tarda años en entrar en erupción, pero siempre acaba por estallar. Sobrino, puede que hayan silenciado *La mañana*, pero nunca silenciarán mi pluma —dijo extendiendo la mano a Neftalí.

El muchacho escudriñó el rostro decidido de su tío.

No vio a un hombre derrotado por el agotamiento. Vio a un hombre preparado para luchar un día más.

No vio a un hombre cubierto de hollín de pies a cabeza. Vio a un hombre que irradiaba rectitud.

No vio a un hombre con los ojos enrojecidos. Vio la determinación inquebrantable de un hombre dispuesto a dar voz a quienes no la tenían.

Neftalí extendió el brazo, agarró con fuerza la mano de su tío y le dijo:

—Tampoco silenciarán la mía.

¿Nace el fuego de las palabras?

¿O nacen las palabras del fuego?

plip – plip

plip – plip

plop

oip, oip, oip, oip

blup, blup, blup

plip – plip

plop

plip – plip

plip – plip

plop

blup, blup, blup

plip – plip

plop

oip, oip, oip, oip

tin, tin, tin, tin, tin

tin,

tin,

tin,

tin,

tin

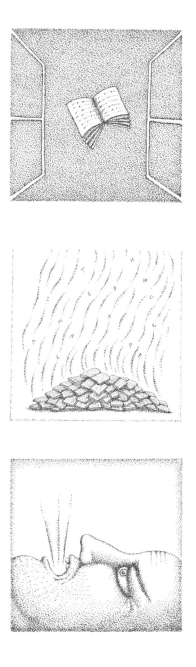

EL FUEGO

Neftalí llamó a Laurita desde el patio de la escuela para chicos.

—¡Laurita! —exclamó agitando algo en el aire y corriendo hacia ella. Le entregó el delgado periódico—. Es la primera edición del periódico de tío Orlando. Se imprime en otra ciudad. Ha tardado casi tres años pero lo ha conseguido. Qué ganas tengo de felicitarlo. Y también tengo noticias propias.

En vez de continuar con lo que iba a decir se agachó para recoger algo que brillaba en un arroyo enlodado a un lado del camino.

—Neftalí, ¿es que no tienes suficientes llaves viejas?

—Las llaves abren puertas, Laurita. Todas las llaves del mundo son pocas.

—Bueno, vas a darme la noticia o qué —dijo.

Neftalí sacó una revista de entre sus libros.

—Me han nombrado corresponsal de *Claridad*, la revista estudiantil de la Universidad de Santiago.

—Pero no vas a estudiar ahí hasta septiembre.

—Da igual. Tienen muchos colaboradores.

Mira, han publicado uno de mis artículos sobre los mapuches y quieren que les envíe más. Además quieren que distribuya mi revista entre los estudiantes de Temuco para fomentar la causa que promueven desde Santiago, para que se oigan las voces de sus redactores.

—¿Las voces contra el Gobierno? —dijo Laurita hojeando y buscando el artículo de su hermano en la revista—. Ya sabes lo que opina Padre de escribir contra el Gobierno. Es arriesgado.

—Estas personas escriben sobre el derecho y la justicia. Son mis héroes, Laurita. Sus palabras hacen pensar a la gente. Escriben para cambiar lo que hay de malo en el mundo. Y no sólo escriben estudiantes, también colaboran poetas, como Rojas y González Vera, que abogan por la libertad de expresión.

—La libertad de expresión puede ocasionarte problemas.

Laurita encontró el artículo y buscó la firma de su hermano al final.

—Neftalí, aquí junto a tu nombre dice que te vas a matricular para hacerte poeta.

—Eso no significa nada. Lo ha puesto el editor del periódico por su cuenta.

—Neftalí, creo que deberías esconder esto. No creo que a Padre le haga ninguna gracia lo que ha puesto el editor por su cuenta.

Neftalí suspiró.

—Me estoy quedando sin escondrijos.

—Espera a estar en la universidad, entonces podrás hacer lo que te dé la gana.

—Ojalá eso fuera del todo verdad —dijo—. Allí tendré que seguir escribiendo a escondidas. Oficialmente seré un estudiante de francés para convertirme en profesor o traductor o —añadió imitando la voz grave de su padre—, para abrirme camino en el mundo de los negocios.

—Ah, ¿es que Padre ya no quiere que estudies medicina? —preguntó Laurita.

—Por mis calificaciones en matemáticas —resumió Neftalí encogiéndose de hombros—. Ahora Padre quiere que mi destino sean los negocios. En fin, al menos ahora tendré una excusa legítima para leer literatura francesa.

—Prométeme que te esforzarás por sacar buenas notas, Neftalí. Si no lo haces, Padre dejará de enviarte la paga. Y estás muy delgado. Tienes que comer.

—No te preocupes. Seguiré el camino marcado por Padre en la medida de lo posible.

Una bandada de grandes aves les pasó por encima.

Neftalí y Laurita observaron la precisión de sus alas.

—¿Qué son, Neftalí, ibis o espátulas?

—No lo sé, están muy lejos —dijo Neftalí caminando con la vista en el cielo. Hubiera metido el pie en un enorme bache de no ser por Laurita, que lo agarró del brazo y tiró de él justo a tiempo—. Mira por dónde vas.

—Gracias, Laurita. ¿Sabes?, voy a extrañarte cuando esté en Santiago.

—Eso será si no te metes en algún lío antes de ir —dijo ella riendo con cariño.

Neftalí extendió un brazo y le agitó el pelo.

—Creo que no será tan difícil pasar unos meses sin meterme en líos, ni siquiera para mí.

~   ~   ~

Varios días después, Neftalí entró en su habitación y encontró sus cajones y sus cuadernos tirados por el piso. Antes de que pudiera recogerlos, Padre apareció en el umbral de la habitación con una copia de *Claridad*.

—Eres de la misma calaña que tu tío, un agitador, eso es lo que eres.

Abrió la revista por la página que contenía el artículo de Neftalí, y lo golpeó con el envés de la mano.

—¿Qué es lo que leo? —dijo con la cara enrojecida—. No leo que desees convertirte en alguien de provecho, no; aquí pone que serás un vago y un ladrón.

—Ha si-sido un error.

—Lo que ha sido un error ha sido dejarte trabajar para un periódico —dijo Padre—. No permitiré que rechaces una profesión honorable. Y, desde luego, no usarás mi dinero para esa aventurilla. ¿Me oyes, Neftalí?

Neftalí miraba al piso.

—La única razón por la que he tolerado esta afición tuya han sido las súplicas de Mamadre, pero ya se ha agotado mi paciencia. He tenido que soportar a tu tío Orlando leyendo tus redacciones en mi propia mesa una y otra vez, y los aplausos de cortesía de la gente. Porque aplauden por cortesía. ¿Sabes qué es realmente lo que piensan? Piensan que eres una vergüenza para esta familia. ¡Qué humillación cuando el tendero me trajo este artículo! Dice que no volverá a casa si mi familia continúa dedicada a esta causa.

Padre tenía el rostro inyectado en sangre.

—¡En esta casa no se volverá a escribir más!

Agarró uno de los cuadernos y lo arrojó por la ventana; las hojas sueltas que contenía se desperdigaban por el aire, como si quisieran salir volando. Padre arrojó otro cuaderno y otro más.

Neftalí los oía caer en el porche con un sonido seco. Padre recorría el cuarto agarrando cuadernos y arrojándolos por la ventana.

La ira deformaba el rostro de Padre, no parecía él. Neftalí se apartó hacia la pared tratando de evitar el destructivo frenesí de su padre. ¿Qué sería lo próximo que arrojaría por la ventana? ¿Al propio Neftalí?

Cuando ya no quedó cuaderno alguno que

arrojar, Padre salió de la habitación.

Neftalí se tiró sobre la cama y se tapó la cara con las manos. Cómo deseaba que el viento no extraviara ninguna de las páginas sueltas. Resolvió esperar un rato y bajar a recoger todos los cuadernos cuando Padre no lo viese. Luego los escondería en un lugar donde nadie pudiera encontrarlos.

Laurita apareció en el umbral de la habitación, pálida y con los ojos como platos. Contempló el caos de la habitación.

—¿Neftalí?

—Parece que es imposible estar tanto tiempo sin meterme en líos —dijo el joven.

Sonó el silbato de Padre. Una vez. Dos veces.

Tres veces. Sonó incesantemente.

Laurita se acercó a la ventana.

—¿Es que se ha vuelto loco?

Neftalí se levantó de un brinco y corrió a su lado.

Vio salir una bocanada de humo del montón de cuadernos apilados en el centro de la calle.

—¡No! —exclamó Neftalí.

Salió de la habitación como un rayo, atravesó la casa y saltó del porche al patio. Bajó hasta la calle a grandes saltos esperando salvar algo, cualquier cosa. Pero no se atrevió a desafiar las llamas. Padre se interpuso entre él y la hoguera con la mirada enloquecida y sin dejar de soplar por el silbato.

Laurita y Mamadre salieron a la calle. Los vecinos empezaron a asomarse por las ventanas. Las carretas se detuvieron en la calle. Todos contemplaban cómo los más íntimos pensamientos y emociones de Neftalí ascendían en una llamarada amarilla, anaranjada y azul. Sus desvelos y afectos se transformaban en rizos ennegrecidos de ceniza y ascendían como copos de sucia nieve. Su indignación y rechazo a la injusticia ardían en llamaradas verticales hasta desaparecer. No había nada que pudiera hacer.

El silbato no dejaba de sonar y Neftalí, derrotado, sintió que las fuerzas lo abandonaban.

Cuando Padre se cansó de soplar, escupió el silbato.

—Ahora veremos qué será de ti —dijo y entró en la casa.

Neftalí no se podía mover. Estaba exhausto, vacío.

Mamadre siguió diligentemente a Padre.

Los vecinos volvieron a sus cosas.

Las carretas volvieron a circular por la calle.

Neftalí permaneció inmóvil, aturdido. Laurita se acercó a él.

Sin pronunciar palabra, los dos hermanos se acercaron al montón de cenizas.

Neftalí·las removió con la punta de la bota.

Una pequeña brasa parpadeaba bajo la ceniza.

¿Dónde está el cielo de las historias perdidas?

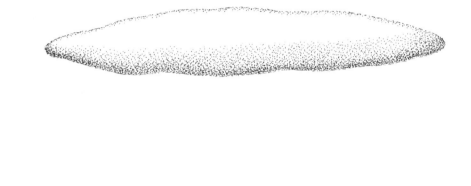

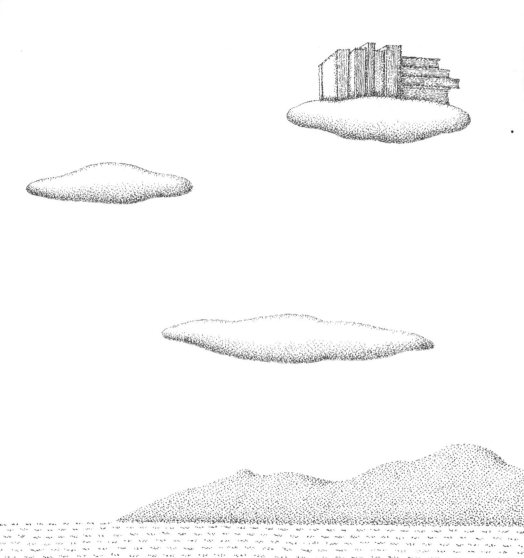

Pasaron varios meses. Neftalí estaba sentado en el borde de su cama. Sostenía la carta que había recibido esa misma mañana. Eran malas noticias. Rojas, uno de los poetas que Neftalí tanto admiraba, había sido arrestado durante una protesta estudiantil. Lo metieron en la cárcel donde murió poco después.

Neftalí se sentía atenazado por el dolor, la incertidumbre y la frustración. ¿Cómo podía un gobierno arrestar a alguien por escribir lo que sentía y pensaba de corazón? ¿Acaso debían los escritores escribir sólo sobre aquellas cosas en las que creía ese gobierno? ¿Cómo se podía acusar a alguien de traidor por exponer otro punto de vista? ¿Acaso no es mejor tener dos opiniones que una sola? ¿No es preferible formular preguntas a los lectores para que tomen sus propias decisiones? Se puso en pie y caminó de un lado a otro, impulsado por la necesidad urgente de responder, de defender y de luchar.

Decidió esperar hasta bien entrada la noche, cuando Padre estuviera dormido. Se sentó a terminar un nuevo poema para *Claridad*, a la luz de una vela que proyectaba sombras fantasmagóricas en las paredes. Se enfrentaba a un dilema. El poema aparecería publicado no sólo en la revista de la universidad; también saldría, simultáneamente, en un periódico de Santiago. Neftalí no podía arriesgarse a que Padre se enterase de que estaba desobedeciendo sus órdenes. Además, no podía dejar de pensar en lo que le había dicho su padre: "Eres una vergüenza para esta familia".

Neftalí suspiró y dejó la pluma sobre la mesa. Se puso a leer un periódico local de Temuco y encontró un artículo sobre un escritor checo. Le llamó la atención el nombre exótico del escritor y deseó tener un nombre así. Escribió el apellido del escritor en una hoja de papel y lo leyó y releyó una y otra vez.

Sacó un libro de poemas de su estantería, hizo correr las páginas sobre su dedo pulgar y se detuvo al azar en una página donde se mencionaba a un personaje llamado Paolo.

—Paolo —dijo en voz alta, sin que el nombre acabara de convencerlo.

Tradujo el nombre al castellano y asintió. Luego lo escribió junto al apellido que tenía anotado. Las dos palabras se deslizaron por el papel, recorrieron la habitación hasta el perchero que colgaba de la puerta y se transformaron en un finísimo traje.

Neftalí no pudo resistir la tentación. Descolgó el traje y se lo probó. No hacía falta coser el dobladillo de los pantalones y la chaqueta le quedaba perfecta. La tela era idónea, suave pero no demasiado ligera. Las solapas eran del ancho que le gustaba. El color era discreto pero tampoco pasaba inadvertido. El nombre no era sólo una solución ideal, sino que, además, le quedaba a la perfección.

Sin más, Neftalí escribió al final del poema:

Pablo Neruda. Decidió usar ese nombre para evitar a su padre la humillación de tener un hijo poeta. Pensó que quizá firmaría así hasta que se encontrara a sí mismo.

O quizá conservara el nombre para siempre. Quizá le sirviera para subir montañas. Al fin y al cabo, tenía el ritmo y la sonoridad de una locomotora en plena ascensión.

PABLO NERUDA

PABLO NERUDA

PABLO NERUDA

¿Cómo empieza una metamorfosis,

de afuera hacia adentro

o de adentro hacia afuera?

A la mañana siguiente empacó sus cosas lentamente en un baúl metálico: ropas, libros, plumas y, por supuesto, algo para lo que nunca sería demasiado viejo, su oveja de lana blanca. Guardó los objetos de sus colecciones en varias cajas. Se llevó una con él y llevó la otra hasta la habitación de Laurita, para que ella la guardara.

—Toma —le dijo a su hermana—. No dejes que termine entre las llamas.

—La protegeré con mi vida —dijo Laurita con una sonrisa—. Pero aún es pronto para decir adiós. Mamadre y yo te vamos a acompañar a la estación. Apúrate. Es hora de partir. ¿Ha venido alguien a recoger tu baúl?

—Todo está preparado.

Padre esperaba en la puerta con su capa oscura doblada sobre el brazo.

No se habían dirigido la palabra desde el incidente de los cuadernos.

—Ya no la uso —dijo Padre entregándole la capa—. Toma, la necesitarás. Concéntrate en tus estudios, Neftalí.

Al tomar la capa recordó que Padre la había estrenado el día que fueron juntos en tren al bosque por primera vez. Miró a su padre a los ojos y por un momento sintió extraviarse en su mirada. ¿Quién había ahí dentro? ¿Alguien malvado y odioso? ¿O alguien tan dominado por su propio pasado que no podía dejar a sus seres queridos controlar su futuro?

—Adiós, Neftalí.

Padre le dio un abrazo frío.

—Adiós, Padre —dijo él—. Neftalí Reyes no te defraudará.

Con Mamadre a un lado y Laurita al otro, caminó hacia el andén donde el tren lo apremiaba con su vaporoso gemido. Antes de subir, Mamadre le dio la manta que llevaba sobre los hombros, la misma que compró años atrás en la feria de artesanía mapuche.

—Para que no pases frío. Aún estás en los huesos.

Lo besó en las dos mejillas y le dio un fuerte abrazo que él correspondió.

—Bueno, pero soy muy fuerte por dentro, como tú.

Luego envolvió a Laurita en sus brazos y le dio una vuelta.

—Tú seguirás siendo mi mensajera. Cuéntame todos los chismes de Temuco.

Laurita se rió.

—Te escribiré cada semana.

El tren dio el último aviso.

Se subió.

~   ~   ~

Pasó la noche entera y el día siguiente en un

vagón de tercera rodeado de campesinos. Olía a la lana rancia de sus empapados ponchos y a las plumas mojadas de los pollos que portaban en sus cestas. No le importaba. Él iba a una ciudad de letras y de pensamiento, a un sitio donde había gente que pensaba como él y donde nadie lo miraría mal por ser estudiante y poeta.

Por la ventana veía cómo los frondosos bosques de araucarias iban dando paso a un paisaje de sobrios pueblos de adobe. Cuando vio desaparecer la última araucaria sintió que había dejado atrás una parte de sí.

Cuando el tren llegó a su destino, recogió su baúl, se puso su sombrero negro de ala ancha y, envuelto en la capa de su padre y con la manta de Mamadre al brazo, empezó a recorrer las calles de Santiago hacia su nueva vida.

~   ~   ~

Allí, en la oscuridad de la gran ciudad, escribió con tenacidad. La poesía le había mostrado el camino y él no tuvo más remedio que seguirlo. Escribió sin importarle sus circunstancias: cuando vivió en habitaciones tan pequeñas como una celda; cuando apenas le alcanzaba el dinero para comer y cuando el intenso frío le hacía venerar la capa de Padre y la manta de Mamadre; cuando no encontraba amigos y tenía que recluirse en su interior; cuando le quebraron el corazón o él quebró un corazón ajeno; cuando no estaba de acuerdo con la política de la universidad o con la política de su país.

Y escribió.

Por mucho que hubiera cambiado su nombre, arrastraba su historia en su interior y en su literatura. El ritmo de su infancia inundada de lluvia se convirtió en una secuencia de palabras. Sus recuerdos del gran bosque estallaban en expresiones líricas, perfumadas como la balsámica piña del bosque y brillantes como el caparazón de un escarabajo. Las oraciones crecían y menguaban al dictado del oleaje, o se deslizaban como la melodía lastimera de una armónica solitaria. Reservaba su furia para escribir artículos en los que señalaba, apuñalaba y quemaba. Sus convicciones eran implacables, como la maquinaria monótona de una prensa. Y sus afectos se tradujeron en poemas, cálidos y suaves como la lana de una oveja.

Los poemas de Pablo Neruda atravesaron el lodo. El campesino leía sus palabras y decía: "Sus manos han labrado la tierra igual que las mías".

Sus poemas llamaron a la puerta de mansiones. Los ricos leían sus palabras y decían: "Ha ascendido por la misma escalera".

Sus poemas reposaban en la mesa del panadero, que decía: "Sabe lo que siento cuando amaso el pan".

Sus poemas avanzaban sobre calzadas de adoquines. El tendero se inclinaba sobre el mostrador y leía los poemas a sus clientes, y decía: "¿Lo conocen?

Es mi hermano".

Sus poemas se convirtieron en libros que la gente se pasaba de mano en mano.

Sus libros saltaron cercas...

cruzaron puentes...

fronteras...

y océanos;

hasta que él hubo pasado miles de regalos a través de

un agujero en la cerca a multitudes de personas en

todos los rincones del mundo...

a corazones que latían al unísono, ávidos de sentir

todo lo que él pudo soñar.

tin,

tin,

tin,

tin,

tin

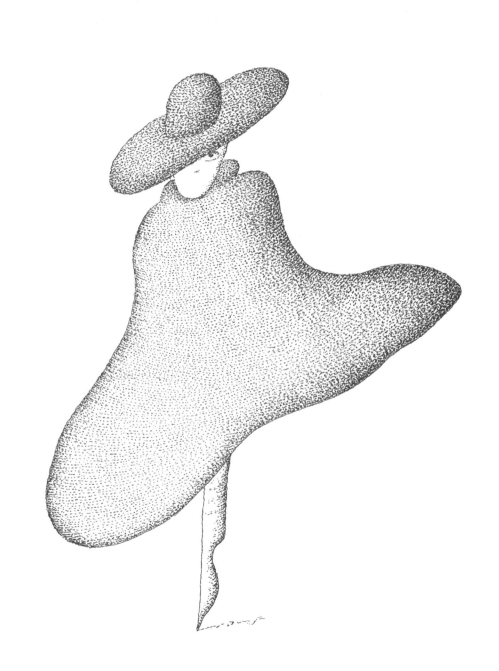

PAM MUÑOZ RYAN recibió el Human and Civil Rights Award de NEA y el Virginia Hamilton Literary Award a la literatura multicultural. Pam ha escrito más de treinta libros para jóvenes, incluyendo las exitosas novelas *Esperanza renace*, *Yo, Naomi León* y *Pinta el viento*, que le han merecido muchas distinciones, entre ellas, la Medalla Pura Belpré, el Jane Addams Award y el Schneider Family Award. Vive con su familia en San Diego y puedes visitarla en www.pammunozryan.com.

PETER SÍS recibió una beca MacArthur Fellow, ganó el Sibert Award y ha sido distinguido tres veces con el Caldecott Honor. Lectores de todo el mundo se han deleitado con sus libros sobre Galileo Galilei, el Tíbet y su propia infancia en uno de los países de la llamada Cortina de Hierro. Peter vive con su familia en el área de Nueva York y lo puedes visitar en www.petersis.com.

NOTA DE LA AUTORA

El soñador es una obra de ficción basada en eventos de la infancia de Pablo Neruda. El libro empezó con una simple anécdota: el misterioso intercambio de una piña por una oveja de lana a través del agujero de una cerca. Ese asombroso acontecimiento me cautivó y me hizo indagar en los ensayos y memorias del poeta, que me condujeron al bosque húmedo, a sus viajes al Pacífico y a la historia del cisne. Y, a su vez, a sus biógrafos.

Pablo Neruda (1904-1973) se convirtió en uno de los poetas más importantes del siglo XX, y recibió el Premio Nobel de Literatura en 1971. Si se tienen en cuenta todas las ediciones y todos los idiomas en que fueron publicados sus poemas, es probable que Neruda sea el poeta más leído del mundo.

Su poesía ha sido la verdadera fuerza impulsora de esta obra. Me contagié del espíritu inquisitivo de su *Libro de las preguntas*, en el que me inspiré para buscar la voz poética de la historia y las preguntas que aparecen en ella. Mi deseo es que estas preguntas hagan reflexionar al lector e imaginar sus propias respuestas.

Neruda guardó la oveja que le pasaron por el agujero de la cerca durante muchos años, hasta que la perdió en el incendio de una casa. Y, sin embargo, pasados los cincuenta años de edad, el poeta siguió mirando en los escaparates de las jugueterías por donde pasaba con el deseo de encontrar una igual. Aunque jamás encontró otra oveja como aquella, nunca olvidó aquel misterioso episodio al que incluso dedicó un ensayo, "Infancia y poesía".

Neruda escribe: "Aquella ofrenda traía por primera vez a mi vida un tesoro que me acompañó más tarde: la solidaridad humana. [...] Así como dejé allí aquella piña de pino, he dejado mis palabras en la puerta de muchos desconocidos, de muchos prisioneros, de muchos solitarios".

Neruda escribía para las personas llanas sobre asuntos llanos. Pensaba que cuando alguien tocaba un objeto, sus dedos dejaban sobre éste un adarme de sí que el objeto absorbía en su memoria. Creía que todas las historias existen antes de ser escritas y que la inspiración para dar con ellas se encontraba en los más ínfimos detalles: en una herramienta del jardín, en un rodillo o en la mesa coja sobre la que se amasa el pan. Neruda defendía, "la constancia de una atmósfera humana inundando las cosas desde lo interno y lo externo".

Neruda dijo: "Es muy apropiado [...] mirar detenidamente los objetos en reposo. [...] Exudan el tacto del hombre y de la tierra, una lección para el poeta atormentado. [...] La confusa impureza de los seres humanos se percibe en ellos [...] las huellas de pies y dedos. [...] Así sea la poesía que buscamos, gastada como por un ácido por los deberes de la mano, penetrada por el sudor y el humo, oliente a orina y a azucena, salpicada por las diversas profesiones que ejercemos". Su fe en las emociones era tal que eligió escribir en tinta verde porque, según él, era el color de la esperanza.

Neruda coleccionó y exhibió durante toda su vida objetos que aludían a su sentido del misterio: barcos embotellados, caracolas de todo el mundo, mascarones de proa de barcos, vidrio marino, relojes, llaves, libros raros, botellas de cristal, instrumentos náuticos, una infinidad de pequeños tesoros de la naturaleza, el enorme zapato de madera colocado a la puerta de un zapatero remendón y hasta un caballo de carrusel de una tienda de Temuco. También coleccionó personas y llenó su mundo con toda una fauna de personajes de todos los ámbitos de la vida.

Neruda era un apasionado del amor y expresó en su escritura un amplio espectro de emociones: el amor hacia otra persona; el amor a la patria; el amor a la humanidad; el amor a las cosas cotidianas y a la belleza. También le interesó enormemente la desesperanza y denunció reiteradamente el abuso a los demás en sus escritos políticos, que no siempre fueron bien recibidos.

Después de que el gobierno con el que simpatizaba el poeta fuera derrocado en Chile por un golpe militar, Neruda fue declarado un enemigo de su patria. El régimen liderado por Augusto Pinochet prohibió por decreto escribir o pronunciarse en contra del golpe militar. Durante aquel periodo fue peligroso hasta tener amigos o parientes que no apoyaran el régimen de Pinochet. Miles de personas fueron asesinadas o encarceladas sin juicio previo o fueron obligadas a abandonar el país sólo por tener una opinión distinta a la de quienes ostentaban el poder.

Meses antes de la muerte de Neruda, un grupo de guardias de Pinochet irrumpió y saqueó la casa del poeta, a quien se acusó de traidor.

Cuando el grupo entró, Neruda lo recibió con estas palabras: "Registren, sólo hay una cosa aquí que representa un peligro para ustedes: poesía".